REAL & LIVE

박윤주 지음

Pick up lines | Friendship | Relationship
Feeling good | Feeling bad | Fashion
Study | Business | Money | Dining
Drinking | Travel

도서출판 유심

박윤주

● 한국방송통신대학교 영어영문학과 교수
● 한국방송통신대학교 대구경북지역대학 학장

학력

● 이화여자대학교 영어교육과 학사
● 미국 The Ohio State University 영어교육학 석사
● 미국 Indiana University 영어교육학 박사

현재

● OUN-TV <영어회화 1, 2> <영어교수법> <박윤주의 영어회화 1, 2> 집필 및 진행
● EBS e-TV <박윤주의 Classroom English> 집필 및 진행
● 인천광역시·대구광역시·경상북도·전라북도 교육청 초·중등 영어교사 심화연수 특강 및
  TEE 전문가과정 연수 특강
● PKETA 부회장, KATE, ALAK, MEESO, STEM 등 다수의 학회 이사 및 임원

저서

● 《English Conversation Ⅰ·Ⅱ》
● 《영어교수법》
● 《톡톡 간호영어》
● 《제2언어학습론 : 우리는 외국어를 어떻게 배우는가》 번역

● 한국방송통신대학교 영어영문학과
  http://eng.knou.ac.kr (02)3668-4560

CONTENTS

들어가는 말

Real & Live는 "이런 한국어는 영어로 어떻게 말하지?"라는 저의 사소한 궁금증에서 시작했습니다. 영어를 한국어로 번역해서 외우고 공부하는 책은 많은데, 의외로 궁금한 한국어를 영어로 해결해주는 책은 없더란 말이죠. 단어도 아니니 사전을 찾아도 나올 리 없고……. 그러면서 뭐랄까 생생하고 살아있는 영어표현을 재미있게 알려주는 것은 어떨까 하고 제가 진행하는 방송의 작은 코너로 Real & Live를 시작했습니다.

"나 진짜 잘 나갔었는데" "대박이야!" "완전 그림의 떡이잖아요~" 등 방송을 진행하면서 쉽고 재미있는 한국어와 영어 표현이 여기저기 쌓이게 되었고, 이걸 예쁘게 모으고 싶다는 생각을 했습니다. 특히 짤막하게 한 두 마디 외운 것으로는 결정적인 순간에 막상 표현을 못하게 되니까, Real & Live 표현들을 상황과 맥락을 가지고 설명해서 여러분들이 충분히 대화할 때 사용할 수 있도록 해야겠다는 생각이 든 거죠.

대화문을 듣고 소리 내서 따라하세요. 그리고 자연스럽게 말할 수 있도록 혼잣말로도 연습하세요. 눈으로만 읽고 이해하는 영어 대신 큰 소리로 읽으면 진짜 여러분의 표현이 됩니다. 소리로 영어를 해보세요.

저는 신나게 새로운 원고를 쓰고, 그림을 계획하고, 디자인과 색깔을 고르면서 바쁜 겨울과 봄을 보냈습니다. 여기저기 제 손길이 안 닿은 곳이 없답니다. 그러면서도 이 책은 협업의 산물이지요. "빨리 가려면 혼자 가고, 멀리 가려면 함께 가라!" 늘 고마운 분들과 함께, 멀리 가렵니다. 저와 새롭게 일을 시작한 김주영, 정희선 선생님은 바쁜 가운데에서도 많이 도와주셨습니다. 성지연 선생님까지 모두들 고마워요. 기분 좋은 그림의 박완기 선생님, 감사합니다. 그리고 여기저기 흩어져 있던 표현들을 'Real & Live'라는 이름으로 엮을 수 있도록 도와주신 출판사 식구들께도 감사드립니다.

무엇보다 방송국이나 교실은 물론 카페나 식당, 공항, 하물며 병원에서까지 저를 알아보고 먼저 인사해주고, "박윤주 교수님!"하며 어디서나 반갑게 맞아주는 여러분이 없으면 저는 없습니다. 이 책을 통해 즐겁고 행복한 영어의 세계로 함께 떠나봅시다!

1장

Pick up lines

A : Hey, do you see that guy over there? He's a hottie.
B : Well, then why don't you go get him?
A : What do I say? "Do you have a business card?"
B : Of course not! He's not like that. I know him. He's a real catch.
A : You know him? Hook me up with him!
B : You are so lovesick. Just go and ask him yourself!

A : 이봐, 저기있는 남자 봤어? 그는 정말 핫 해!
B : 음…… 그 사람이랑 잘해보는 건 어때?
A : 뭐라 말해야 하지? "혹시 명함 있으세요?"
B : 물론 안되지! 그는 그런 사람이 아니야. 내가 그 사람을 알거든. 그는 정말 멋져.
A : 그를 안다고? 그 사람 좀 소개시켜줘!
B : 오, 사랑에 빠졌군. 상사병이야. 그냥 가서 네가 직접 물어봐!

Pick up lines

Real & Live의 첫 장은 Pick up lines로 시작합니다. 공식적으로 말하면 낯선 사람과 관계를 맺기 위한 첫 단계 표현들이고, 단순하게 말하자면 작업 멘트입니다. 물론 저는 "여기 앉아도 돼요?" "연락처 좀 알려주세요" 등 자랑할 만한(?) 작업 멘트를 직접 들어보았답니다.

제가 알려드리는 내용들은 영화나 드라마 등 영·미권의 다양한 자료들을 접하다 보면 의외로 상당히 흔하게 접할 수 있는 표현들입니다. 성인이 되고 난 후 겪는 다양한 삶의 신산 혹은 희로애락이 결국은 나와는 다른 인간들과의 만남에서 비롯되고, 사람들 간의 관계유지가 결국은 인생이잖아요. 첫 장은 이렇게 두근두근, '썸'을 타며 시작됩니다.

1
(혹시) 시간 있으세요?

Do you have (some) time?

맘에 드는 사람이 나타났을 때 사용할 수 있는 전형적인 pick up line 표현입니다. 가장 주의하실 점은 이 경우, 절대로 정관사 the를 사용하지 않는다는 겁니다. 정관사 없이 time 혹은 some time을 사용해야 '시간 있으세요?'라는 뜻이 됩니다. 정관사를 사용해서 "Do you have the time?"으로 물어보면 '몇 시예요?'라는 전혀 다른 뜻이 됩니다. 이 표현은 또한 약속을 잡기 위해 시간이 있는지 확인할 때도 사용됩니다. "Do you have some time this Friday? I'd like to meet with you to discuss something important."처럼 말이죠.

A : Do you have some time?
B : Maybe. I'll have to get back to you on that.

A : 시간 있으세요?
B : 그렇긴 한데, 나중에 다시 얘기해요.

2

명함 혹시 있으세요?

Do you have a business card?

자신을 소개하는 데에는 명함을 건네는 것만큼 빠르고 쉬운 방법이 없겠죠? 명함은 영어로 'business card'라고 합니다. 종종 명함을 'name card'라고 하는 분들도 있는데, 완전히 틀린 표현은 아니지만 명함에는 이름(Name)만 있는 게 아니니까 business card라고 하는 것이 정확한 표현입니다. 상대방에게 명함을 요구하는 좀 더 정중한 표현으로는 "May I get(have) your business card, please?"를 쓰셔도 좋습니다.

A : Do you have a business card?

B : A business card? Who carries around a business card these days?

A : 명함 있으세요?

B : 명함이요? 요즘에 누가 그런 걸 가지고 다녀요?

3
번호 땄어!

I got her/his digits!

보통 전화번호는 'phone number' 혹은 그냥 'number'라고 많이 알고 계시죠? 물론 이 표현들도 정확하고 유용합니다만 여기에 하나 더 재밌는 표현을 알려드릴게요. 번호를 나타내는 표현으로 'digits'을 사용하기도 한답니다. 'digits'은 아라비아 숫자를 의미하는데, 전화번호가 모두 아라비아 숫자로만 되어 있기 때문에 이런 표현도 사용할 수 있는 거죠.

A : Why are you smiling so broadly?
B : I got her digits! I can't believe she gave her phone number to me!

A : 왜 이렇게 신이 났어?
B : 그 여자애 번호 땄어! 그녀가 내게 전화번호를 주다니 믿어지지가 않아!

4
멋진 여성에게 하는 말

She's a hottie.

눈이 돌아갈 정도로 멋진 여성을 봤을 때 이렇게 표현할 수 있습니다. hottie 대신에 babe 를 쓸 수도 있는데, 이때 baby가 아니라 babe라는 차이를 확인하고 발음에 유의해야 합 니다. 또한 "She's sweet/nice/pure/wholesome."과 같은 다양한 표현이 있으니 함께 알아 두면 좋겠죠? 또 "She's like a girl next door."라는 문장 역시 멋진 여성에 대한 표현이에 요. 영어로 이웃집 소녀처럼 예쁘다는 말은 정말 멋지다는 표현이니까 꼭 익혀둘 만하죠?

A : Hey Bill, what do you think of Jennifer?
B : Jennifer? She's a hottie! She's very popular among the guys.

A : 이봐 Bill, Jennifer 어떻게 생각해?
B : Jennifer? 정말 멋지지! 남자애들 사이에서 아주 유명해.

A : What do you think of Karen?
B : She's a hottie. I'd definitely want to ask her out.

A : Karen 어떤 것 같아?
B : 끝내주는 여자야. 정말 데이트 신청하고 싶어.

5
멋진 남성에게 하는 말

He's a catch.

이번엔 남성에 대한 표현을 알아볼까요? 'catch'라는 표현은 보통 동사로 '잡다'라는 의미로 많이 쓰는데요, 명사로 'a catch'라고 쓰게 되면 붙잡아야 할 만큼 괜찮은 사람이라는 의미가 됩니다. 하지만 이 표현은 slang으로, 격식을 차려야 하는 자리에서는 사용에 주의하세요! 그리고 무엇보다 hottie 와 catch가 서로 다른 성별에도 사용될 수 있다는 점을 알아두세요.

A : He's a catch.
B : Really? I thought so at first, but now I think he's rather dull.

A : 그 남자 너무 멋져.
B : 정말? 나도 처음엔 그렇게 생각했었는데, 지금은 오히려 별로야.

6

잘해봐

Go get her/him.

남녀가 서로 맘에 들어 하거나 좋게 생각할 때 쓸 수 있는 표현입니다. get은 catch와 비슷한 의미로 볼 수 있는데요, "가서 그녀를/그를 잡아!"라는 의미로 번역되지만 보통은 "서로 잘해보라"는 뜻으로 사용합니다. 그냥 쉽게 "Good luck!"을 사용하셔도 됩니다.

A : What should I do with Karen?

B : Go get her! What do you have to lose?

A : Karen한테 어떻게 해야 하지?

B : 그냥 질러봐! 손해 볼 것 없잖아?

7

어디서 뵌 것 같은데요?

Excuse me, haven't I seen you somewhere before?

한국어에서도 유용하게 사용하는 표현입니다. 전혀 만나본 적이 없는 사람에게 다가가면서, '어디선가 뵌 것 같은데요.'라며 접근하는 거지요. 특히 문장에 앞서 excuse me라는 표현을 사용함으로써, 정중한 대화가 이어집니다. 사실 매우 전형적이면서도 속물적인, 하지만 여전히 자주 사용하는 표현입니다. 영화에서 들어본 적 있죠? 물론, 언젠가 만난 적이 있는 사람과의 자연스러운 대화를 이끌어 낼 때도 유용합니다.

A : Excuse me, haven't I seen you somewhere before?
B : I'm afraid you're mistaken. This is the first time we've met.

A : 실례지만, 우리 어디서 만난 적 없나요?
B : 유감스럽지만 아니에요. 오늘 처음 만났어요.

8

좋은 사람 있으면 소개시켜줘

Hook me up with her/him.

Hook는 금속이나 플라스틱으로 만든 고리를 뜻합니다. 'hook ~ up'은 고리로 누군가와 누군가를 연결시킨다는 표현인데, 주로 '소개해주다'라는 동사구로 많이 사용됩니다. 남녀 의 데이트를 위해 서로를 소개해주는 경우, 혹은 좀 더 구어적으로 남녀간의 성적인 표현 으로 사용될 수도 있습니다. 격식을 차린 자리, 즉 부모님이나 어른을 만나는 자리에서는 자주 사용하지 않는 표현입니다.

A : Hey, do me a favor. Hook me up with Karen.
B : Okay, but if I do, you owe me one!

A : 저기, Karen 좀 소개시켜줘.
B : 알았어, 너 나한테 크게 빚지는 거다!

9
오, 사랑에 빠졌군. 상사병이야, 친구

You are so lovesick, dude~.

정말 사랑에 빠지면 아픈가요? 사랑으로 아픈 병이니 상사병이 맞는 것 같네요. lovesick 이 결국 그런 거죠 뭐.

배두나가 주연으로 나오는 일본 영화 〈공기인형〉을 보면 "나는 마음을 가졌습니다. 갖지 말아야 할 마음을 가졌습니다"라는 대사가 나옵니다. 누군가에게 첫눈에 반하고, 그를 향해 마음을 품고, 결국 아픈, 그래서 보고 나면 우울하지만 나름 독특하고 아름다운 영화입니다. 그런데 저는 왜 이런 슬픈 상황에서 lovebird라는 닭살 커플 단어가 생각나는 걸까요?

A : You are so lovesick, dude~.

B : What are you talking about? I'm playing it cool.

A : 완전히 사랑에 빠졌군, 친구.

B : 무슨 소리야? 난 그냥 즐기는 거야.

10
초면에 물으면 실례되는 질문들

No No questions

이 글을 적는 오늘 아침에도 당장 이런 질문을 받았습니다. "혹시 나이가 어떻게 되세요?" 얼굴은 알고 있지만 통성명을 한 적이 없는 사람인데 첫 질문이 이름도 아니고 글쎄 나이였습니다. 동성이니까 언니, 동생 해야 하는 걸까요?

결혼 여부, 나이, 혈액형, 전화번호 그리고 직업과 수입 여부를 첫 대면에서 묻는 건 정말 엄청난 실례랍니다.

- What do you do?
- Are you married?
- How old are you?
- What's your blood type?
- Can I have your phone number?

이제는 한국에서 산 지 제법 오래된 제 미국 친구는요, 택시를 탈 때마다 기사님이 묻는 "직업이 뭐예요" "결혼했어요?" "몇 살인데?" 등이 더 이상은 놀랍지 않다며 웃습니다. 도대체 왜 묻는 걸까요? 친구도 아니고, 누구 소개시켜줄 것도 아니면서 말이에요.

11

지금 여자친구 없죠?

You are between girls, right?

영어에서의 boyfriend나 girlfriend는 guy friend나 female friend와는 다른 의미로 사용되어야 한답니다.

'between girls'는 옛 여자친구와 미래의 여자친구 사이에 있는 상황, 그러니까 여자친구가 없다는 뜻입니다. 이해되시죠? 그런데 말이죠, 나이를 먹다보면 진짜 인생을 변화시키는 건, 혹은 우리 자신을 바꾸는 건 남녀관계가 아닐까 싶은데, 그런가요? 아닌가요?

A : You are between girls, right?
B : Yes, I just got over a bad break up.

A : 지금 여자친구 없는 것 맞죠?
B : 네, 이제 막 실연에서 벗어났어요.

12
난 네게 반했어

I have a crush on you.

상대방에 대해 호감을 느끼는 시간, 특히 이성적 관심을 갖게 되기까지는 약 3초가 걸린다고 하네요. 상대편의 고백을 기다리다가 지치면 어떡하죠? 인디밴드 노 브레인(No Brain)의 노래처럼 아예 "넌 내게 반했어!" 이렇게 접근해볼까요?

crush는 작은 공간에 꽉꽉 밀어 넣는 것을 뜻하는데, 'crush on + 사람'의 형태가 되면 '사람으로 꽉꽉 채워져 있는' 즉, '반하다' 라는 의미가 됩니다. 상사병이나 홀딱 반한 걸 의미하죠. crush on을 다양하게 사용해볼까요?

- I have a crush on him.
- I've got such a crush on her.
- Do you have a crush on her?
- You have a crush on me, don't you?

A : I have a crush on you.

B : Aw, how sweet. Thank you, but I have a boyfriend.

A : 당신에게 반했어요.

B : 아, 기분 좋네요. 고맙기는 하지만 저는 남자친구가 있어요.

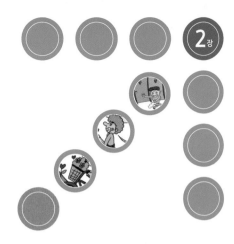

Friendship

A : **Hey,** how can you do this to me?
B : **Do what?**
A : Stop playing dumb! **You know what you did!**
B : I'll take the fifth. **I don't want to talk about whatever it is.**
A : Act your age! **We're not friends anymore.** You're history!
B : Don't take it so hard! **Just relax, will you?**

A : 이봐, 어쩜 나한테 그럴 수 있니?
B : 뭐가?
A : 바보인 척 하지 말고 다 얘기해! 네가 무슨 짓을 했는지 너도 알잖아!
B : 별로 말하고 싶지 않아. 그게 무엇이든 더 이상 말하고 싶지 않아.
A : 나잇값 좀 하시지 그래! 우린 이제 더 이상 친구가 아니야. 넌 이제 끝이야!
B : 너무 심각하게 생각하지 마! 좀 릴렉스 하는 게 어때?

Friendship

2장 '우정'을 다루면서 제가 요즘 읽으며 기운을 내고 있는 책의 글귀 몇 가지를 인용하겠습니다.

(1) 사람은 좋아하는 사람하고만 친구가 될 수 있다.
(2) 자신이 좋아하는 사람하고만 사귀어라.
(3) 나를 싫어할까 봐 겁내서는 안 된다.

명쾌하죠?
단, 이 모든 조언은 회사 동료와의 사회생활이 아니고요, 친구와의 사귐에 관한 것입니다. 절대 헷갈리시면 안 돼요! 회사에서는 그리고 사회에서는 절대로 좋아하는 사람하고만 사귈 수 없으니까요!
(이와츠키 켄지, 《당신과 왜 말이 안 통할까》, 전지인 옮김, 모멘토, 2004)

1

어쩜 나한테 그럴 수 있니?

How can you do this to me?

상대편에게 억울한 심정이 들 때 사용하는 표현입니다. this나 that을 사용하는 것에 큰 차이는 없지만 this를 더 흔하게 쓰는 경향이 있습니다. 억양을 살려서 '정말 어떻게 이럴 수 있어!'라는 느낌을 전달해 보세요.

● How can you do this to me? 어쩜 나한테 그럴 수 있니?
● How could you do this to me? 제게 어떻게 그러실 수 있어요?

A : How can you do this to me?
B : Easy. I'm paying you back for your poor treatment of me.

A : 어쩜 나한테 그럴 수가 있어?
B : 흥분하지 마. 난 너에게 당한 만큼 돌려주는 거야.

2

친구와 관련된 다양한 표현들

Friend / Unfriend / Frenemy / Um-friend

친구와 관련해 요즘 많이 쓰이는 신선하고 젊은 표현들을 알려드릴게요. 영어로는 hip한 표현들이라고 합니다.

(1) Friend(as a VERB)

to connect in a social networking site like Facebook.

> **A** : I'll friend you tonight.
> **B** : Sure! See you on Facebook then!
>
> **A** : 오늘 밤에 친구 추가 할게.
> **B** : 그래! 페이스북에서 봐!

(2) Unfriend(as a VERB)

to "block" someone on a chatting or social networking site.

A : I unfriended my ex-boyfriend yesterday.

B : Good for you!

A : 나 어제 전 남자친구 친구 차단했어.

B : 잘했네!

(3) Frenemy

someone who is both your friend and enemy who you envy and who you are
superficially related with.

A : So are you guys friends or what?

B : Not really. I'm friendly with her even though I dislike her. She's more
like my frenemy.

A : 그러니까 너희들은 친구야 뭐야?

B : 아니지. 난 걔가 싫지만 사이좋게 지내는 거야. 적과도 같은 친구지.

A : Oh, I just got into Princeton University!

B : Wonderful! Congratulations! I'm so happy for you!
(but secretly you want to kill him or her.)

A : 나 프린스턴 대학에 가게 됐어!

B : 멋지다! 축하해! 너무 좋겠다.

(4) Umfriend

Not officially girl friend or boy friend.

If you see someone who is kissing somebody but they are not dating officially, and it is a stage between friends and lovers···.

A : Who was that girl you were kissing? Is that your girlfriend?
B : We're not dating She's just my um... friend.

A : 너 방금 키스한 여자 누구야? 여자친구?
B : 우리 데이트하는 사이 아니야. 그냥음······ 내 친구야.

In Korea, sometimes people say doorisayee 'something' eetda.

(there's something between them.)

특별히 요즘 한창 미국에서 사용하는, 정말 Real & Live한 표현들을 배워봤습니다. 어떠셨나요? 재미있으셨나요? 아~ 이런 표현들이 바로 Real & Live랍니다.

3
더 이상은 못 참아요

Enough is enough!

이 표현은 미드에서도 자주 등장하고, 노래에서도 쉽게 들을 수 있습니다. 의학 드라마에서라면 "할 만큼 했으니 그만하죠"일 수 있고, 형사물에서라면 "더 이상 두고 볼 수 없군" 정도가 될 거예요. 사랑에 목맨 사람들이 어쩔 수 없이 헤어진다면 "우리 충분히 노력했어요"일 수도 있고, 아래의 예문처럼 육아에 지치고 지친 부모가 결국 외치는 한마디일 수도 있습니다. "이제 좀 그만해!"

A : Dad, Billy hit me and won't say sorry!
B : Kids, enough is enough! I want you two to stop fighting right now!

A : 아빠, Billy가 때리고 사과도 안 해요!
B : 얘들아, 그만 좀 해라! 당장 싸움을 멈춰!

4

넌 그럴 배짱도 없잖아!

You don't have guts to do it!

gut는 신체 장기 중 하나인 소화관 또는 동물의 내장을 말합니다. 때로는 다소 뚱뚱한 배를 뜻하기도 합니다. 'the large/small gut' 하면 '대장, 소장'이 되고요, 'the blind gut' 하면 '맹장'입니다. 원래 장이 튼튼한 사람이 건강해요. 배짱이 두둑하다고도 하지요.

그럼 'gut feeling'은 무엇일까요? '직감'이죠, 직감. 뭐라 설명할 수는 없지만 그런 것. "당신은 언제나 옳다. 그러니 거침없이 세상으로 나아가라." 김혜남 정신과 전문의는 그녀의 저서 《서른살이 심리학에게 묻다》에서 한 꼭지의 표제를 이렇게 달아놓았습니다. 서른이 훌쩍 넘어 읽었는데도 좋은 구절이라고 생각했어요. 실패를 마주할 때에는 과정 속에서 최선을 다한 것에 방점을 찍으라는 이야기였는데, 영어를 공부할 때도 그렇습니다. 언제나 여러분의 직감을 믿으세요(제일 먼저 적은 답이 정답일 확률이 높은 것처럼).

A : If you give me $10, I'll dive off from that 40-foot rock cliff into the water below!
B : Yeah, right! You don't have the guts to do it!

A : 10달러 주면, 내가 40피트 아래 절벽에서 바다로 뛰어내리겠어!
B : 아무렴, 그렇겠지! 그럴 배짱도 없으면서!

5
너 이제 완전 죽었어!

You are history. You're dead meat!

너무 명쾌한 표현이죠? "넌 이제 역사다" 즉, 역사 속으로 사라졌다는 위협인 셈이죠. 다시 말해 이미 죽은 고기, 즉 시체라는 뜻이에요. 글로 적어보면 대단한 것 같지만 뭐 그렇게 위험한 표현은 아닙니다. 큰 걱정하지 않고 사용해도 된답니다.

'나' 또는 '우리'에게도 사용할 수 있어요.

"I'm history if I cannot finish this project by tonight."

'오늘 밤까지 이 과제를 수행하지 못하면 전 죽어요.'

영화 〈맨 인 블랙〉의 대사를 인용해 보겠습니다.

"If we don't get it back before he leaves the planet, we're history."

'그가 이 행성을 떠나기 전까지 이걸 다 되돌려놓지 않으면 우린 끝이라구!'

그럼 이번에는 조금 부드럽게 사용해볼까요? 이 경우에는 부정관사를 사용합니다.

누군가 "I saw your ex-girlfriend at my friend's party by chance. You two were close and wanted to get married." 한다면 쿨하고 담담하게 "She is a history." 라고 말할 수

있겠죠. 과거 한때 알았던, 지나간 사람, 지금은 상관없는 사람 정도의 의미가 되겠습니다. 보다 구체적인 ex-boy/girlfriend보다 더 넓은 범위라고 이해하셔도 좋습니다.

A : You know what? You are history. You're dead meat!

B : Yeah, says who?

A : 그거 알아? 넌 이제 끝이야. 완전 죽었어!

B : 맘대로 해봐.

6

바보인 척하지 말고 다 얘기해!

Stop playing dumb!

Playing은 '연기하다'라고도 해석할 수 있어요. 그러니까 "Stop playing dumb!"는 '바보 연기 그만해!' 즉 '나도 다 알고 있거든! 그러니까 모르는 척하지 말고 다 얘기해!'라는 뜻 입니다. 이미 다 알고 있으면서 모르는 척하는 상대편으로 인해 상처를 받는 경우가 간 혹 있지요. 그럴 때 적절하게 사용하는 겁니다. "내가 바보인 줄 아는가 본데, 너야말로 그렇게 모르쇠 하지 말고 정정당당하게 밝혀!"라는 느낌을 확실히 주세요. 비슷한 표현 들을 더 알아볼까요?

- Stop pretending you don't know! 모르는 척하지 마!
- Stop acting like you don't know! 모르는 것처럼 굴지 마!
- Drop the act! 연기 그만하지!
- Be real with me! 사실대로 해!
- Quit faking! 흉내 내지 말고!

위에 나온 표현들을 잘 기억해두셨다가 나중에 센스 있게 사용해보세요!

A : Stop playing dumb! Admit it, you like her!

B : Okay, okay, I guess you found out my secret.

A : 바보인 척하지 마! 이젠 인정해, 너 걔 좋아하잖아!

B : 알았어, 알았다고, 너 눈치 챘구나.

7
정신차려!

Snap out of it!

잠에서 깨어나라는 강한 외침입니다. 물론 상냥한 부모가 아이들을 깨우는 상황이었다면 "Rise and Shine~."이라고 했을 테지만요. 하긴 똑같은 이 표현도 애니메이션 〈The Little Mermaid〉(인어공주)에서 흑마녀 어설러(Ursula)가 목소리 잃은 에리얼(Ariel)을 깨우면서 "Rise and Shine~." 하니까 정말 <u>으스스</u>했던 기억이 납니다. 영어는요, 감정을 실어 말할 때 정말 빛이 나는 것 같아요. 여러분도, 연습!

영어 'dream'은 사실 우리가 알고 있는 '성취하고자 하는 꿈'이라기보다 이루어질 수 없는 헛된 '몽상'에 더 가깝습니다. 성취하거나 갖고 싶은 것은 꿈이 아니라 목표지요. 그리고 현실에서 그 무엇인가를 이루기 위해서는 무엇보다 열정(Passion)이 필요한 거고요. 자, 꿈에서 깨어날 시간입니다. 우리 모두 정신 바짝 차리자구요!

- I'm ready for your constructive opinion.
- There is only one thing I should say. Snap out of it!
- Get real! In your dreams! Forget it! Not in your lifetime!

A : Snap out of it! You almost drove off the side of the road!

B : Really? I must be very tired.

A : 정신차려! 차가 도로 밖으로 나갈 뻔했잖아!

B : 정말? 나 진짜 졸려.

8

나잇값 좀 하시지 그래

Act your age!

사실 친한 친구 사이라면 모를까 조금 감정이 상할 수도 있는 표현이에요. 나잇값을 못한다는 말을 듣는다면 부끄러울 수도 있으니까요. 가능하면 민폐를 끼치는 누군가에 대해 즉, 제3자에 대해 '흥, 뭐 저래, 나잇값도 못하잖아' 하는 식으로 사용해주세요.

● Look at your clothes! Act your age! 네 옷들을 봐! 나잇값 좀 해!

어떤 면에서는 어린애들에게 손위라는 이유만으로, "너 형 노릇 못 해?" "언니 노릇 안 할래!" 등의 말을 쉽게 하는데 듣는 사람은 상처받습니다. 아셨죠? 아, 나잇값을 제대로 한다는 건 쉽지 않은 일인 것 같습니다.

A : I have to have candy floss When I go to theme parks!
B : Act your age! You're almost 30!

A : 난 놀이공원 가면 꼭 솜사탕을 먹어!
B : 나잇값 좀 해! 너 나이가 서른이야!

9
함부로 말하지 마! 말 조심해!

Watch your language!

"Watch your mouth!" 입 조심해! 이건 좀 이상하죠? 험한 말이나 욕설이 난무하는 자리가 참 껄끄럽잖아요. 직역을 하자면 '언어를 주의하시죠!'인데, 언어는 곧 사람입니다. 따라서 '함부로 말하지 말아라, 말 조심해라' 정도의 뜻이 됩니다. 상대편이 욕을 한다고 욕으로 되받아치면 더럽혀지는 것은 결국 자신의 입이라고 합니다. 오히려 상욕을 하는 것보다 이렇게 되받아치거나 바로 경고를 하는 것이 더욱 효과적이라고 생각해요. 내가 하는 말, 그 언어가 나입니다.

A : Who the hell does she think she is?
B : Karen! Watch your language!

A : 걔는 자기가 뭐라도 되는 줄 아나?
B : Karen! 말 조심해!

10
너 나 건드렸어!

You hit my nerve!

누구나 신경이 날카롭습니다. 저는 그렇게 생각해요. 무뎌 보이는 사람도 그렇게 보이는 것일 뿐 찌르면 아픈 곳이 있을 것이고, 세월과 경험 그리고 수많은 실패와 그를 만회하기 위한 수많은 노력들이 인간을 바꾸어 놓았을 것이라고요. '성숙, 품위, 나잇값' 이런 것들로 자신의 태도를 좀 더 변화시키는 것이죠. 그러니까 가능하면 서로 신경 건드리지 마세요, 아셨죠?

A : Karen suddenly got angry when I mentioned her weight today.
B : Wow, you hit her nerve. Next time, don't talk about her weight.

A : 오늘 Karen에게 몸무게 얘기를 꺼내니까 걔가 갑자기 화를 냈어.
B : 와, 네가 카렌을 건드렸네. 앞으로 몸무게 얘기는 하지 마.

11

별로 말하고 싶지 않아요

I'll take the fifth.

미란다 원칙에 따라 '묵비권을 행사하겠습니다'라는 표현을 구어적으로 사용해볼까요? 미란다 원칙이란 피의자를 체포할 때, 피의자에게 헌법상의 권리를 알려주어야 한다는 원칙을 뜻합니다. 그냥 "I don't want to talk about it."보다 뭔가 수준이 있어 보이죠?

A : Did you call him a racist term when you spoke with him?

B : I'll take the fifth. I refuse to answer this line of questioning.

A : 인종차별적인 단어를 사용해서 그를 불렀습니까?

B : 묵비권을 행사하겠습니다. 이런 식의 물음에는 답변을 거절하겠습니다.

12

너무 심각하게 생각하지 마!

Don't take it so hard.

위로하는 말로 늘 사용하는 "Don't worry." 대신 쓸 수 있는 유용한 표현입니다. take가 '받아들이다'라는 뜻을 갖고 있으니 너무 심각하게 받아들이지 말라는 뜻이 된답니다. 이렇게도 말할 수 있습니다. "Don't take it so serious."

사람들은 모두 개인차가 있어서 똑같은 상황을 다르게 받아들일 수 있어요. 그리고 상처도 덜 받으려고 노력하는 것이 좋답니다. 우리, '회복 탄력성'[1]이 좋은 사람이 됩시다.

A : Don't take it so hard, Bill. You'll do better next time.
B : Thanks, John. You're right. I'll try again.

A : 너무 심각하게 생각하지 마, Bill. 다음에는 더 잘할 거야.
B : 고마워, John. 네 말이 맞아. 다시 해볼게.

---

1) 회복 탄력성은 resilience의 번역어로 물리적으로 제자리에 돌아오는 힘을 의미합니다. 사회적으로 어려운 시련이나 역경을 이겨낼 수 있는 긍정적인 힘 즉, 꿋꿋하게 튀어오르는 능력을 뜻합니다.

13
괜히 끼어있는 깍두기 같아요

I feel like a third wheel.

세 번째 바퀴라구요? 자전거는 두 바퀴만으로도 충분히 잘 굴러갑니다. 괜히 세 번째 바퀴가 있어 봐야 거추장스럽고 불필요하게 느껴지죠. a third wheel은 '필요 없는 역할'이 되는 겁니다. 그래서 초대받지 않은 자리에 나타난 손님, 꼽사리, 혹은 깍두기와 같은 구어적인 표현을 영어로 third wheel이라고 합니다. 참 재미있는 표현이지요? 뭔가 잘 못하는 사람을 뜻하는 표현으로는 extra person, 또 필요없는 사람으로 unnecessary person을 사용하기도 합니다. 우리는 이런 사람이 되지 맙시다!

A : Hey, is this the place you asked me to stop by? I feel like a third wheel.
B : Don't worry. This party is for everybody.

A : 여기가 나더러 들리라고 한 곳이야? 이런, 괜히 끼어있는 것 같아.
B : 걱정하지 마. 오늘 모임은 누구나 와도 되는 거야.

3장

Relationship

A : I'm really going to miss you!

B : Me, too. We've got good chemistry, don't we?

A : Yes, and I learned so much from you! You have good taste in music!

B : Look who's talking! You taught me so much, too! You rock!

A : Well, I am what I am and I do what I do!

B : Be sure to keep in touch! My birthday is just around the corner! Let's try to call each other then!

A : 가끔 네 생각이 날 거야!

B : 나도 그래. 우리는 진짜 잘 맞아, 그렇지 않니?

A : 맞아, 그리고 난 너에게서 많은 것을 배웠어. 넌 음악적인 취향도 정말 좋아!

B : 무슨 말씀을! 너 역시 많은 것을 가르쳐줬어. 너 정말 최고야!

A : 음, 나는 나고, 난 내가 하고 싶은 일만 해.

B : 우리 계속 연락할 거지! 곧 내 생일이야! 그때 다시 연락하자!

Relationship

3장은 드디어 사랑에 관한 이야기입니다. 다른 어떤 사람과도 나눌 수 없는 특별한 사랑의 관계를 형성한 '두 사람'에 관한 내용들이지요. 여러분에게 매우 특별한 바로 그 사람에게 영어로 "from One and Only."라고 적어보세요. '당신을 특별히 사랑하는, 세상에 단 한 명뿐인 존재가 바로 나'라고 고백하는 마음을 담아서요. 그리고 사람과의 관계, 지지, 칭찬에 대한 표현들도 이번 장에서 알아봅니다.

사실 'One and Only'에 대한 로망을 갖고 있던 저는 미국에서 Valentine's Day는 물론 Mother's Day, Father's Day 혹은 각종 위로나 조문에 쓰이는 Hallmark card에서 이 표현이 흔하게 쓰이는 걸 보고 충격을 받긴 했어요. 사랑은 혹시 널리 널리 나누어야 하나요?

1

네가 정말 그리울 거야

I'm really going to/gonna miss you.

헤어질 때 사용하는 아주 다정한 표현입니다. going to는 구어체로 줄여서 gonna라고
사용할 수 있습니다. 발음하기도 훨씬 수월하답니다. 이 표현은 '나중에 당신이 그리워
질 거예요'라는 뜻이니까, 그냥 See you! Bye! 대신 꼭 한번 사용해보세요. 상대방의 반
응이 정말 다르다는 것을 실감할 수 있을 겁니다.

A : I'm really going to miss you. Please stay in touch.
B : Don't worry. I'm going to miss you, too. I'll email.

A : 네가 정말 그리울 거야. 연락하고 지내자.
B : 그럼. 나도 그리울 거야. 이메일 보낼게.

2
도와줄게.
내가 뒤에 있으니까 믿어. 밀어줄게

I am right behind you.

결혼의 장점은 이 세상에 절대적인 내 편이 생긴다는 것입니다. 그렇지 못하다면 배신감이 커지고 그렇게 불행이 시작되는 거죠. 결혼 제도 안에서 부부는 무조건 같은 편이라는 것을 잊지 마세요. 배우자는 내 편, 나는 배우자 편!

A : I want to learn cooking properly, but I'm not sure.
B : Go ahead and try! I'm right behind you.

A : 나 요리를 정식으로 배워보고 싶은데, 잘 모르겠어(자신 없어).
B : 한번 해봐! 내가 응원해 줄게.

3
나는 나고,
난 내가 하고 싶은 일만 해

I am what I am and I do what I do!

이 표현은 주어진 상황이나 목소리의 크기와 억양에 큰 영향을 받는 표현입니다. 예문처럼 평이하게 좌우명을 설명하는 경우라면 "나는 나고, 난 내가 할 일만 하고 살기로 했어" 정도가 될 것이고 간섭하는 누군가에게 큰 소리로 선언을 하는 경우라면 "나는 나, 너는 너라구. 상관하지 마!"일 수도 있습니다. 개인주의적인 서구 사회에서는 어쩌면 너무 당연한 선택이고, 그 선택에 따른 행동으로 간주되겠지만 혹시 한국 사회에서는 이기주의로 잘못 판단되지 않을까 하는 우려가 됩니다. 이기주의는 타인에게 피해를 입히는 좋지 않은 행동양식이지만, 개인주의는 충분히 많은 장점을 갖고 있는 철학일 수 있어요. 잘 판단해서 사용해야 합니다.

A : Hey Phil, what's your motto in life?
B : I am what I am and I do what I do!

A : Phil, 넌 좌우명이 뭐니?
B : 나는 나고, 하고 싶은 일만 한다!

4

음악적인 취향이 참 좋구나

You have good taste in music.

Taste는 맛, 그리고 사람이 갖게 되는 '취향'이라는 뜻입니다. 특히 good taste라고 한다면 좋은 취향, 그러니 일가견이 있다고도 할 수 있겠죠. 그리고 어떤 분야인지를 말해줄 때에는 'in'이라는 전치사를 쓴다는 것도 체크해두세요! 유명한 영화평론가가 자신의 팟캐스트에서 자신이 읽은 다양한 책을 소개하기도 하고, 어떤 가수는 자전거 마니아로서 수제 자전거공방 사장을 인터뷰하는 방송에서 박식한 지식을 뽐내더라구요. 좋아하는 분야에 일가견을 갖게 되는 것, 취미가 특기가 되는 인생이라면 잘 산 거라고 합니다.

A : You have good taste in music. This sounds great!

B : Yeah, I really try to follow the latest bands.

A : 음악적인 취향이 참 좋으시네요. 이거 정말 굉장해요!

B : 네, 저는 최신 밴드음악을 정말 즐겨요.

5

다음으로 미뤄야겠어요

I will have to take a rain check.

'비'하고 '다음 기회'하고 도대체 무슨 관계일까요? rain check와 관련된 표현을 찾아보면 야구 경기에 대한 이야기가 나옵니다. 이 표현은, 야외 야구 경기장을 찾은 관객들이 비가 오면서 경기를 보지 못하게 되었고, 주최 측에서 이 사람들에게 다음 경기 무료 관람권을 주었다는 역사에서 나온 것입니다. 즉 '놓친 기회를 다시 갖게 된다'는 뜻이죠. 식사나 커피 약속은 물론이고 제때 받지 못한 선물을 다시 챙기기 위해서도 사용할 수 있어요. "rain check, please!"

A : I will have to take a rain check. I have to take my wife to the hospital.

B : Really? OK. We'll have lunch next time then.

A : 다음으로 미뤄야겠어요. 아내를 병원에 데려가야 하거든요.

B : 그래요? 알겠습니다. 그럼 점심식사는 다음에 해요.

6
우리는 제법 잘 어울려요

We've got good chemistry.

〈우린 제법 잘 어울려요〉는 제가 좋아하는 노래 제목이기도 합니다. 성시경이 불렀죠. 여기 완벽한 영어 표현이 있습니다. 원래 chemistry는 화학과목을 뜻하는데, 화학 실험을 하면 각종 물질이 섞이면서 잘 되기도 하고, 폭발하기도 하고, 다양한 반응을 일으키잖아요. 영어에서는 사람 간의 변화, 마음의 움직임, 궁합 혹은 죽이 맞는다는 것 모두를 chemistry로 표현합니다. 좀 더 과장을 해서 하늘에서 맺어준 인연이라고 하면 또 어떨까요? "우리는 정말 환상의 커플이라고요."

- They've got great chemistry. I'm really happy for them.
- We are made for each other.

A : We've got good chemistry. I think this relationship will last.
B : That's great! It's nice to see you get along so well together.

A : 우리는 제법 잘 어울려. 우리 사이는 오래 갈 것 같아.
B : 대단해! 둘이 잘 지내는걸 보니 참 좋다.

7
너 정말 최고야!

You rock!

상대편이 최고라고 치켜세우는 가장 쉬운 표현은 "You're the best!"입니다. 하지만 일상
생활에서 그렇게 교과서적인 표현만 사용하는 것은 아니잖아요? 조금은 길을 빗겨서 구
어적인 표현도 익혀보세요. "You rock!"(너 정말 짱이야!)

A : So what did you think of our audition?
B : You rock! It sounded great!

A : 우리 오디션은 어땠나요?
B : 최고예요! 아주 대단했어요.

8

그들은 하늘이 맺어준 인연이야

They are a match made in heaven.

"우리 둘은 마음이 잘 맞아요"라고 하는 말을 영어로 표현하면 "We've got good~."이라고 하는데요. 여기에서 ~에 들어갈 적당한 말은 무엇일까요? 복습해볼까요? psychology 심리학? 아니면 biology 생물학? chemistry 화학? 아마도 서로의 마음이라는 의미로 psychology, 심리학을 답으로 고른 분들이 많을 것 같은데요, 정답은 "We've got good chemistry."입니다. 비슷한 표현을 또 한 가지 알아볼까요? "We are a match made in heaven." 하늘에서 match, 즉 잘 맞는 쌍으로 엮어주었다는 뜻인데, 한국어 번역과 유사합니다. 하늘에서 맺어주길 기다리는 것이 어렵다면 뭐, 현실에서라도 노력해 봅시다!

A : Look at the couple. They look so happy. They are a match made in heaven.
B : Yes, they have found happiness in marriage!

A : 저 부부 좀 봐. 엄청 행복해 보인다. 천생연분이야.
B : 응, 결혼생활 속에서 행복을 찾았네!

9

곧 내 생일이야

My birthday is just around the corner!

영화 〈You've got a mail〉에 나오는 탐 행크스(Tom Hanks)의 거대 재벌 서점과 대항하는 맥 라이언(Meg Ryan)의 작은 서점 이름 기억하시나요? 'Just around the corner'이었죠? 우리 동네의 골목 어귀에 있다는 의미도 있고, 길을 걷다가 막 모퉁이를 돌고 나서 기대하던 무언가가 짠~하고 나타나는 느낌도 있습니다. 아주 가까이 있다는 뜻으로 이해하시면 되겠네요. 보통 경칩 즈음이 되면 봄이 온다는 것을 "Spring is just around the corner!"라고 사용하기도 합니다.

A : My birthday is just around the corner!
B : Really? How old will you be?

A : 내 생일이 바로 코앞이야!
B : 그래? 이제 몇 살 되는 거니?

10
그 애, 별 거 아냐

He's a nobody / Mr. Nothing.

한번 생각해보세요. nobody, nothing, somebody, someone, the only one 등의 표현들을 다양하게 활용해보는 겁니다. "He's nobody." "She's somebody." "You're the only one." 이렇게 문장으로 만들어보니 감이 오죠? 있어도 없는 사람이라니 별로인 셈이고, somebody라면 이름만 대면 알 만한 사람이니 결국 그녀는 대단해, 내게 중요한 사람이겠네요. 아, 그리고 당신은 누구와도 바꿀 수 없는 바로 그 사람이군요.

참, 원더걸스의 〈노바디〉라는 노래를 들어보면 "난 당신만을 원해"라며 "I want NOBODY but YOU!"를 쉴 새 없이 외칩니다. 당신이 아니라면 아무것도 아닌 사람이라는 얘기죠. 제가 태어나기 훨씬 전인 아주 오래전 옛날, 배우 마릴린 먼로(Marilyn Monroe)는 당시 JFK 대통령에게 "I want to be loved by you nobody else but you."라는 생일 노래를 불러주었죠. 그리고 "He's nobody." "He's a nobody."는 구어적인 표현으로 관사의 유무와 상관없이 둘 다 사용가능합니다.

A : I met Mr. Lee the other day. He told me his opinion on the economy
but it didn't match with what the experts say.

B : He's a nobody. Don't listen to what he says.

A : 전에 Mr. Lee를 만났는데, 그가 경제에 대한 자신의 생각을 말하더군.
그런데 전문가의 의견과는 달랐어.

B : 그 사람 아무것도 아니야. 그 사람이 하는 말 신경 쓰지 마.

11

그는 원칙을 모두 어기고 있어요

He's breaking all the rules.

좀 오래된 노래 〈Torn between two lovers〉에는 "Torn between two lovers, feeling like a fool. Loving both of you is breaking all the rules."라는 가사가 나옵니다. 두 남자 사이에서 갈등하는 여자의 노래인데, 두 사람을 다 사랑한다는 것은 한마디로 원칙에서 벗어난다는 겁니다.

"He's breaking all the rules." '그는 모든 rules을 깨고 있다.' 즉, '그는 원칙을 어기고 있어요'라는 뜻입니다. '규율을 어겼다, 규칙 위반이다, 원칙에서 벗어난다'는 것을 다양한 표현으로 배워보겠습니다. 이 표현은 비즈니스 상황에서 적절하게 사용할 수 있는 매우 유용한 표현입니다. 비슷한 표현으로, tweaking the rules(비틀다)와 play with(가지고 놀다)를 활용한 것이 있습니다. playing with the rules라고 하면 'rule을 가지고 논다' 즉, '원칙을 어기다'라는 의미가 됩니다.

- He's breaking all the rules.
- He's bending the rules.
- He's playing with the rules.

- He's tweaking the rules.

- He's skirting with the law.

A : Look at that driver! He's going so fast!

B : Yeah. He's breaking all the rules. He'd better be careful or he'll have an accident.

A : 저 운전자 좀 봐! 너무 빨리 달린다!

B : 그러네. 모든 (교통)법규를 다 어기고 있잖아. 조심해야지 안 그러면 사고 내겠어.

12

나 바람맞았어

I got stood up.

누군가와 데이트 약속을 했는데 그 혹은 그녀가 약속 장소에 나타나지 않은 경우, 흔히 '바람을 맞았다'라는 표현을 사용하죠. 누군가가 어느 장소에 나를 그대로 세워놓았다는 표현인데, 결국 안 나타났으니까 '바람을 맞았다'라는 뜻이 되는 겁니다.

- She stood me up.

  그녀가 나를 바람맞혔어.

- She's making me wait for her.

  그녀는 나를 기다리게 해놓고 나타나지 않았어.

A : Hi, Jane. Why are you sitting here all alone?

B : I got stood up. My date still hasn't arrived!

A : 안녕 Jane. 왜 혼자 여기 앉아 있니?

B : 바람맞았어. 데이트 상대가 아직도 안 왔어!

13

사돈 남 말하고 있네

Look who's talking!

한국에서 〈마이키 이야기 1, 2〉로 제호를 바꿔서 개봉한, 조금 많이 오래된 영화 〈Look who's talking〉 〈Look who's talking too〉는 꼬마들, 아주 어린 아기의 연기에 어른인 브루스 윌리스(Bruce Willis)의 목소리를 더빙하는 재미있는 아이디어를 살려 전 세계적으로 흥행을 했습니다. "Look who's talking."은 '어머 웬일, 너도 그래?'라는 느낌의 말입니다. 어린이들이 깜찍하게도 우리와 같은 생각을 하며 혼잣말을 하고 대화하는 것 같은 구성과 내용이 정말 이 표현을 기억하게 하는 가장 적절한 예가 아닌가 싶어요. 1989, 1990, 1993년 시리즈로 세 편이 나왔는데, 막상 찾아보니 진짜 오래되긴 했네요.

A : I think Daniel is a very stingy fellow.
B : Look who's talking! You're pretty cheap yourself!

A : 다니엘은 너무 쩨쩨한 것 같아.
B : 사돈 남 말하네! 너도 엄청 짜다고!

14

아이구! 욱! 웩! 글쎄…… 으잉?

ugh / … well… / Huh?

3장의 마지막 표현으로는 영어 추임새를 알아봅니다. 추임새란 '어~, 음~, 아~' 뭐 이런 거죠.

● 'ugh…' for "아이구! 욱! 웩!"

  ex) "Ugh… That's too expensive!" or "Ugh… I have to take Beau's class on Saturday!"

● 'well…' for "글쎄……"

  ex) "Did you like the movie?" "Well… not so much." "You're paying for lunch today, right? "Well…."

● 'Huh?' for "으잉?"

● '- meh' or '- eh…' for 무관심한 "별로……" 같은 느낌.

  ex) "Are you a big fan of Megan Fox?" "- eh."

  ex) "How was the whole movie?" "…meh."

● 목소리를 통해 강조할 때(emphasizing the stress in adverbs)

ex) "SSO." "Extreeemly." "increeeeeeeedibly."

한국말로는 소주를 마실때의 "크크크크크크 맛있-하아아아!" 같은 느낌.

ex) "That pie is delicious." vs "This pie is amaaaaaaaaazing!"

Ugh, Well, huh?, meh~, eh~ 같은 표현들을 배워봤는데요. 우리말에도 추임새가 있어야 재미가 있고 생생하게 느껴지잖아요. 많은 단어를 알고 정확한 문장을 구사하고 거기다가 추임새까지 적절히 구사할 줄 알면 영어가 더욱 재미있겠죠? 교과서에는 안 나오는 진짜 생활영어를 알려드렸으니 잊지 마시고 잘 기억해두세요!

15

나는 편한 사람이에요

I'm never one to stand on ceremony.

'to stand on ceremony'를 영어로 풀어보면 'to conduct oneself in a very formal manner' 입니다. 온갖 종류의 ceremony를 생각해보세요. 결혼식, 장례식, 교회 혹은 그 외 많은 장소에 서 있다는 것은 결국 상황에 맞게 상당히 정중한 태도로 행동해야 한다는 것이니 사실 좀 불편할 확률이 높겠죠. '저 편한 사람인데요'를 단순히 easy going이라고 하면 너무 쉽잖아요. 그 대신 "I'm never one to stand on ceremony."라고 하면 '나는 불편한 사람이 아니에요'가 되는 겁니다.

A : No need to stand on ceremony at my house. Please feel free to call me Bob and help yourself to some food!

B : Thanks.

A : 우리 집에서는 불편하게 생각하지 마세요. 저를 밥이라 부르시고, 뭐 좀 편하게 드세요.

B : 감사합니다.

4장

Feeling good

A : Hey, Phil. I had a hunch that you would come today.

B : Wow, you read people well! How did you guess?

A : I mean, it was just my hunch. The weather is perfect for golf.

B : Yes, you're right! The weather's great! I'm flying high.

A : Right. I knew you wouldn't miss a good day for golfing.

B : Of course! I moved heaven and earth just to have time for a round of golf!

A : 필, 어쩐지 오늘 당신이 올 것 같은 예감이 들었어요.

B : 와우, 눈치가 빠르군요! 어떻게 알았어요?

A : 내 말은……. 그냥 내 감이 그랬어요. 골프 치기 딱 좋은 날씨군요.

B : 맞아요! 날씨 정말 좋네요! 기분 정말 끝내줘요!

A : 맞아요. 전 당신이 이렇게 골프 치기 좋은 날을 놓칠 리 없다는걸 알거든요.

B : 물론! 골프 칠 시간을 내기 위해 이것 저것 안 한 게 없다구요.

Feeling good

4장은 좋은 기분에 대한 이야기들로 가득합니다. 여기 나온 모든 표현들을 모두 사용할 만큼 행복한 일들이 많았으면 좋겠어요. 혹은 이 표현들을 먼저 사용하고 나면 멋진 일, 흥분될 만큼 기쁘고 웃음 가득한 일들이 마구 생기지 않을까요?

가끔은 세상의 많은 선택들이 후회로 끝나는 경우가 있습니다. 그래도 전 미련보다는 후회를 택하는 편입니다. 무지하게 겁이 많은 편입니다만, '할 걸' 하는 미련은 과거를 향해 있고, '됐어' 하는 후회는 미래를 향해 있다는 믿음 때문입니다. 그래야 잊고 다시 시작하지요.

가장 행복했던 혹은 행복한 순간을 떠올려보세요. 나를 기분 좋게 만드는 것을 하나쯤은 가지고 있어야 할 것 같아요. 없으면 지금 만드세요. 바로 지금 이 페이지를 넘기는 순간입니다!

1

모든 일이 순조롭기를 바랍니다

I hope you do well.

행운을 빈다 혹은 '파이팅!'을 좀 더 정중하게 표현할 때 많이 씁니다. 우리도 누군가에게 위로나 힘이 되고플 때, 장기간 떨어져 있을 때 이렇게 말하죠. 이 표현은 '다 잘 될 거야'의 의미로도 사용할 수 있습니다. 기본적으로 'I hope~'으로 문장을 시작하면 '~을 기원하다, ~을 바라다'라는 뜻을 나타내기 때문에 격식을 갖춘 표현이 됩니다.

여러분께 제가 하고픈 말이기도 하네요. 여러분 모두 Real & Live를 통해 유용하고 재밌는 표현 많이 배우셨기를 바라며 하는 모든 일이 잘 되시길 바랍니다.

A : Hey, I'm taking the medical school entrance exam today!

B : I hope you do well. Good luck!

A : 이봐, 나 오늘 의과대학 입학시험 본다!

B : 잘 되길 바라. 행운을 빌게!

2
그는 눈치가 빨라요

He reads people well.

예나 지금이나 눈치 빠르고 센스 있는 사람이 사랑받잖아요? 그렇다면 '와, 당신 정말 센스 있어.' '그 사람 정말 눈치가 빨라'라는 말, 영어로 어떻게 표현할 수 있을까요? "You have a sense?" 아니면 "He has very fast eyes?" Oh, no! 아니죠! read를 그냥 단순히 '책을 읽다'로만 알고 있는 사람들이 많습니다. 하지만 우리말에도 마음을 읽는다는 표현이 있지요? 영어에서도 같습니다. read를 다른 사람들의 마음을 잘 읽고, 그래서 눈치가 있다는 의미로 쓸 수 있습니다. "He/She reads people well." 하면 '그 혹은 그녀는 눈치가 정말 빨라'라는 뜻이 됩니다.

눈치가 없는 경우라면 clueless, 말 그대로 '실마리가 없다'는 표현을, 티 나는 모습을 잘 알아차린다면 '알게 되다, 이해하다'는 뜻의 tell을 적절하게 사용하면 됩니다. 자, 여러분은 어떠세요? "Do you read people well?"

● She reads people well. 그녀는 사람들의 마음을 잘 알아.
● He's clueless. 그 남자 진짜 눈치가 없다.

A : I tried to ask my dad for money for books, but he knew I was going to spend it on chocolate.

B : Yes, you can't fool your father. He reads people well.

A : 아빠께 책 살 돈을 달라고 했더니 아빠는 내가 그 돈으로 초콜릿을 사려고 했던 걸 알고 계셨어.

B : 그래, 너희 아빠를 속일 수는 없어. 눈치가 굉장히 빠르시잖아.

3
최고의 선택이야!

Best bet!

이번에는 '와, 그거 최고야! 정말 짱이야!'라는 표현을 알아볼까요? 영어로는 "Best bet!"이라고 합니다. 원래 bet은 '내기, 내기를 건 물건이나 대상'을 뜻합니다. 최고의 내기란 결국 이기는 것이고 이긴다는 것은 최고를 선택하는 것이죠. 다른 말로는 best choice 혹은 best option이 있습니다. 다른 예문도 살펴볼까요?

● NYC is your best bet, especially for a film major student like you!
   뉴욕대학교가 최고야. 특히 너처럼 영화를 전공하는 학생한테는 말이지.

● There's something you might want to look into.
   상대방에게 뭔가를 추천할 때 '이게 최고야'라고 강조하는 대신 좀 더 유연하게 권하고 싶다면, 이런 표현도 알아두세요. "Something you might want to look into." 당신이 look into, 즉 안을 들여다보고 싶어 할 만한 어떤 것, '고려할 만한 가치가 있는 것이야'라는 말입니다. 단순히 "Something to look into."라고 하서도 됩니다.

● You might want to check out. / it's worth looking.

넌 아마 check out 즉, '알아보고 싶을 거야' 혹은 worth looking '살펴볼 만한 가치가 있어'라고도 할 수 있어요.

A : Where could my son be?

B : Best bet is that he's at the playground with his friends.

A : 제 아들이 어디에 있을까요?

B : 친구들과 운동장에 있을 확률이 가장 높아요.

4

과찬의 말씀이십니다

I'm so flattered.

A : My friend told me that you're so cute and capable, if he wasn't married, he'd go after you and stuff. So here I am. Came to check you out.

B : Wow, I'm so flattered. So what do you do, Daniel?

대화문을 보면 뭐랄까 처음 만난 사이의 일반적인 icebreaker라고 하기에는 지나치게 오글오글하죠? 한마디로 친구가 유부남만 아니라면 데이트할만한 사람이라고 소개해줬다는 얘기니까요. Daniel이라는 사람, 참 직설적이면서도 할 말은 다 하는군요. 소개팅 멘트로는 좀 강한 말을 하니까 "I'm so flattered."라고 화답합니다.

flatter를 사전에서 찾아보면 '~아첨하다, 알랑거리다, 비위를 맞추다' 등으로 설명되어 있는데, 실제 영어회화 표현에서는 부정적으로 사용되는 일이 별로 없습니다. "와 멋져요. 짧은 검정 드레스를 입으니 아주 근사하군요." 하고 싶을 경우 "That little black dress flatters your figure." 정도로 표현합니다. 겸손하게 이렇게 말해보는 것은 어떨까요?

- Don't flatter me. 부끄럽습니다. 별말씀을 다 하시는군요.
- You're just flattering me. 비행기 태우지 마세요.

A : Oh, you're my favorite author of all time! May I have your autograph?

B : Of course. I'm so flattered.

A : 오, 당신은 제가 가장 좋아하는 저자예요. 사인 좀 해주시겠어요?

B : 물론이지요. 정말 기쁘네요.

5

대박이야!

That rocks!

우선 매우 구어적인 표현이라는 점을 짚고 넘어가도록 하겠습니다. 영어로 rock은 '돌' 혹은 '구르다'는 뜻에서 이제 '멋지다, 끝내준다, 죽이게 좋다'라는 표현으로 자연스럽게 사용됩니다. 친구들이나 친한 사람들 사이에서 한국어로 "진짜 죽음이야" 혹은 "대박"이라고 할 때 그 의미를 영어 단어 'rock'을 사용해서 표현해보세요. 생생하게 살아 있는 표현으로 외치는 겁니다. "이 영어회화 과목 진짜, 킹왕짱!"이라고 표현하려면 말 그대로 "You know what, this class rocks!"라고 하면 되겠죠? 주로 어린 연령대에서 사용하는 표현이라는 점 알고 계세요!

A : What do you think of the poster I made?
B : That rocks!

A : 내가 만든 포스터 어떤 것 같아?
B : 아주 근사해!

6
난 이것저것 안 한 게 없다구

I moved heaven and earth.

전지전능한 신이냐구요? 하늘도 땅도 창조했으니까? 그건 아니지만 할 수 있는 한 모든 일을 다 했다고 보면 됩니다. 그래서 좀 극단적인 예문을 준비했어요. 가까운 가족이 감옥에 갈 정도라면 얼마나 많은 노력을 했겠는가 하는 심정으로 말입니다.

Real & Live는 지금처럼 모르는 단어는 하나도 없는데, 뭔가 직역을 하면 좀 어색한 경우를 많이 알려드립니다. "We've got good chemistry." '우린 제법 잘 어울려요'처럼요. 그러니 누가 "난 하늘과 땅을 다 움직였다"고 하겠어요? "난 모든 노력을 기울였다구. 해볼 건 다 해봤어"라고 이해하세요.

A : Too bad your sister is in jail.
B : Yes, I moved heaven and earth to try and help her, but she wouldn't listen.

A : 동생이 감옥에 있다니 정말 안됐다.
B : 그녀를 도우려고 이것저것 안 해본게 없는데 도무지 듣지를 않았어.

7
분위기 좀 바꿔볼까?

Let's change the scenery! How about a change of scenery?

'scene'이 뭐랄까 스틸사진으로 찍은 영화에서의 인상적인 한 장면이라면 'scenery'는 여기서 저기까지 혹은 이쪽부터 저쪽까지 쭉 카메라로 훑은 것과 같은 아름다움이라고 생각하면 이해가 쉽습니다. 한국어로 '장면, 무대 혹은 현장'과 '풍경이나 경관'의 차이라고 할 수 있죠. 족장과 부족원들은 물론 힘들겠지만 SBS〈정글의 법*〉현장이 있는 오지를 하늘에서 내려다보면 "우와~" 하는 경우가 있잖아요. 이럴 때 바로 "What a wonderful scenery!"라고 쓰는 거죠. 반면에 뉴스 시간에는 주로 끔찍한 재난 현장 즉 a scene of disaster 혹은 뉴스의 뒷배경으로 a night scene 등을 봅니다. 이제 scene과 scenery의 이미지가 콕 박혔죠?

A : Hey kids, we've been stuck inside the house all day long. How about a change of scenery?

B : Yay! Can we go outside?

A : 얘들아, 하루 종일 집에만 있었구나. 분위기 좀 바꿔볼까?

B : 야호! 밖에 나가도 돼요?

8

손을 머리 위로!

Put your hands up in the air!

우연히 2PM의 노래 2곡의 제목이 Real & Live에서 다뤄지는군요. 이건 절대 우연입니다! 제가 2PM을 좋아하는 것은 절대 비밀이에요!(여기서 잠깐, 다음 fashion에서 다루어질 '10점 만점에 10점'을 영어로 하면 무엇일까요? 정답은 뒤에서 확인하세요).

클럽에서 내 몸을 들썩이게 하는 음악에 맞춰 자연스럽게 올리는 손 혹은 콘서트장에서 좋아하는 가수에게 환호를 보여주는 방법에 대한 표현일 수도 있지만, 우리가 각종 영화나 드라마에서 듣는 "Put your hands up!"은 좀 다릅니다. 조심하세요!

A : Put your hands up in the air!

B : Okay, okay! Please don't shoot me!

A : (머리 위로) 손들어!

B : 네, 알겠어요! 제발 쏘지 마세요!

9

그래도 없는 것보다는 나아요

Better than nothing.

휑한 벽보다는 그림을 거는 것이 좋은 것처럼 아예 없는 것보다는 조금이라도 있는 것이 좋은 경우가 많아요. KBS의 〈1박*일〉을 보면 아무것도 못 먹게 된 복불복 상황에서 협상을 통해 '한입 시식권'을 얻어낸다거나 〈런닝*〉 등 각종 프로그램에서 제작진을 상대로 여러 가지 제안을 하는 경우가 좋은 예가 됩니다. 나름 달리기 잘하는 하하는 MBC 〈무한도*〉에서 자메이카를 갔지요. 그리고 우사인 볼트의 후예쯤 되는 어린 선수랑 100미터 경기를 하면서 다섯 발자국 앞에서 뛰는 계략을 꾸몄습니다. 비겁하다느니, 잔머리라느니 각종 비난이 있었지만 맨땅에서 시작하느니 약간의 어드밴티지가 있는 상태에서 시작하려는 'better than nothing'은 의미가 있어요. 물론 아예 없는 편이 나은 경우도 있긴 하지만……

A : This painting looks old. Are you sure you want to hang it on your wall?
B : Yeah, we need some decoration. It's better than nothing.

A : 이 그림 오래돼 보이는데. 정말 이걸 벽에 걸고 싶어?
B : 좀 꾸며야겠어. 없는 것보다는 낫잖아.

10

어쩐지 오늘 네가 올 것 같은 예감이 들었어

I had a hunch that you would come today.

'어쩐지 ~한 예감'이라는 표현을 할 때에는 'feeling'이라는 단어를 가장 많이 사용합니다. 하지만 Real & Live에서는 좀 더 생생한 느낌을 살릴 수 있는 'hunch'라는 단어를 사용한 문장을 소개해드립니다. Hunch는 예감, 육감을 뜻하는데, 꼽추의 등에 닿으면 행운이 온다는 미신에서 비롯된 단어라고 합니다. 이제부터는 어쩐지 뭔가 독특한 그런 예감이 들었다고 말하고 싶을 때 hunch를 이용해보세요. 여러분의 표현을 좀 더 생동감 있게 전할 수 있을 겁니다.

A : Hi, Phil. I had a hunch that you would come today.

B : Of course! On a sunny day like this, who wouldn't come to the beach?

A : 안녕, Phil. 오늘 네가 올 것만 같은 예감이 들었어.

B : 당연하지! 이런 화창한 날에 누군들 해변에 안 오겠니?

11

그냥 내 감이 그래

I mean, it's just my hunch.

논리적으로나 이성적으로는 설명할 방법이 없습니다. 그냥 그렇다는 느낌인 거죠. 10번과 비슷한 표현인데, 한 번 더 적어봤어요. 음…… 그러고 보니 별에는 어떤 사람들이 살고 있을까요? 사람이긴 할까요?

천문학에 무지한 저로서는 뭐 할 말이 없지만, 고등학교 시절 정말 믿을 수 없을 만큼 별과 천문학에 관심이 많았던 친구 하나가 결국 천문학 관련 전공을 하고, 미국의 NASA에서 일하게 되었다는 소식을 나중에 듣고 참 대단하구나 했던 기억이 나네요.

A : Do you think there is life on other planets?
B : Yeah, I think there must be. I mean, it's just my hunch.

A : 다른 행성에 생명체가 존재한다고 생각하나요?
B : 네, 분명 있을 것 같아요. 제 말은, 그냥 감이 그래요.

12

다 괜찮아질 거야

It'll be all right. / It'll be fine.

"다 잘 될 거야~"라고 노래했던 모 가수의 CF 광고가 생각나는 문장입니다. 모든 일이 괜찮을 거라고, 걱정하지 말라고 하는 위로의 또 다른 표현이었죠. 그리고 보니 저는 속는 셈 치고 이 말을 저에게도 참 많이 했던 것 같아요. '이 또한 지나가리라' 혹은 '시간이 해결해준다' 라며 스스로 쓰담쓰담 하면서 말이죠.

어려움을 겪는 가까운 사람들에게도 주문을 걸어봅시다. "You'll be fine." "It'll be all right!"

A : Does this cut look infected to you?
B : No, it looks okay. Don't worry. It'll be all right.

A : 염증 생긴 것 같아 보여요?
B : 아니요, 괜찮아 보여요. 걱정 마세요. 저는 괜찮을 겁니다.

13
기분 정말 끝내줘!

I'm flying high.

정말 기분이 좋아 날아갈 것 같다는 말이 되겠죠? '저 위로 높이 날아가고 있어!' 우리말에서도 똑같은 표현을 쓰는데요, 이밖에도 기분이 좋을 때 쓰는 여러 가지 표현들을 살펴볼까요?

● I'm as happy as a clam.

매우 기쁘고 만족한다는 표현입니다. 조개의 입 모양과 행복해서 크게 미소 짓고 있는 사람의 입 모양이 비슷하다고 해서 나온 표현입니다. 절대로 '조개만큼 행복하다'고 해석하지 마세요!

● I'm feeling like a million bucks.

Buck은 달러(Dollar)를 뜻하는 말입니다. 백만 달러의 가치가 있는 사람으로 느껴진다는 표현인데요. 보통 영어에서는 백만 달러가 매우 큰돈을 의미하기 때문에 자신의 감정을 백만 달러에 비유한다는 것은 자기 자신이나 처한 상황이 그만큼 만족스럽다는 것을 의미합니다.

A : I'm flying high. I just got accepted to university!

B : Congratulations!

A : 날아갈 것 같아. 대학에 합격했어!

B : 축하해!

14

진짜 웃겨

LOL(Laugh Out Loud)

여러분이 가장 흔하게 사용하는 문자 약어는 뭐가 있을까요? 한때 움짤, 짤방은 말할 것도 없고, ㅋㅋ 혹은 ㅎㅎ, 이멜, 수욜 등 다양한 표현을 사용했을 겁니다. 사실 요즘 10대가 사용하는 줄임말 표현은 아예 몰라도 그냥 받아들이고 있고요, 공중파에서 '두근 두근' 정도로 표현하는 남녀를 케이블에서 썸남썸녀나, 썸&쌈으로 표현하는 걸 보면서 다소 문화적 충격을 받기도 했습니다. 영어도, 한글도, 한자도 잘 알아야 한국어를 잘할 수 있는 것 같습니다. 워낙 섞인 표현들이 많아서요. 그렇죠?

이 시간에는 '진짜 웃긴다'에 해당하는 세 가지 표현과, 몇 가지 유용하면서도 간단한 영어 약어 표현을 살펴보겠습니다.

- LOL : Laugh Out Loud
- LMAO : Laughing My Ass Off
- ROFL : Rolling On the Floor Laughing
- ASAP : As Soon As Possible
- BTW : By The Way

● CU@Coffee bea∗ TMRW : See You at Coffee Bea∗ tomorrow

A : Phil just texted me a joke. What should I write back?

B : How about LOL?

A : Phil이 방금 문자로 농담을 했어. 뭐라고 답장하지?

B : LOL(ㅎㅎㅎ) 어때?

15

이제 질릴 만도 하지 않니?

Aren't you just getting fed up with that stuff?

A : I might be going to have to see Jennifer this weekend.

B : Come on, man! Aren't you just getting fed up with those pathetic "crying out" stuffs?

Jennifer와 싸우고 화해하기, 즉 흔히 지지고 볶기를 반복하는 남자친구쯤 되는 A가 또 주말에 Jennifer를 만나러 간다고 하니, 친구 B가 지치고 지쳐서 '좀 그만하지 그러냐' 고 합니다. Come on, man!의 어투로 미루어보건대 이것은 남자들 간의 대화잖아요.

'be fed up with~'라는 동사구는 '싫증이 나다, 사람이나 사물에 질리다'라는 뜻을 갖고 있습니다. 직역을 해보면 '먹다먹다 너무 많이 먹어서 목까지 차올랐다. 더 이상은 못 먹겠다'고 볼 수 있는거죠. 이보다 쉬운 표현으로는 'be tired of' 또는 'be sick of'가 있 습니다.

A : Whew! I just had a long, tedious debate about politics.

B : Aren't you just getting fed up with that stuff?

A : 휴! 나 방금 정치에 관한 아주 길고 지루한 토론을 했어.

B : 그런 것 질리지 않니?

16

그가 피곤하다는 티가 나네요

I can tell he's tired.

'티가 난다'는 표현을 동사 tell을 써서 해봅시다. "I can tell." 하면 '나는 알 수 있어요, 티가 나거든요'로 의역을 할 수 있습니다. "I can tell he's a good student,"하면 '그가 우수한 학생인 티가 나요' 정도로 보면 됩니다. '사람 마음을 잘 읽는다, 분위기 파악을 잘한다'라는 read와 비슷한 표현으로는 tell을 사용하는 셈이 되지요. 따라서 "I can tell he's tired." '난 그가 피곤하다고 말할 수 있어.' 즉, '그는 피곤해 보인다'라는 뜻으로 사용합니다.

A : I can tell he's tired. He has bags under his eyes.
B : Yes, he didn't get much sleep last night and he drank a lot.

A : 그 사람 피곤하다는 티가 나네. 눈이 퀭하잖아.
B : 그래, 그 사람 어제 술을 많이 마신 데다 밤에 거의 잠을 못 잤어.

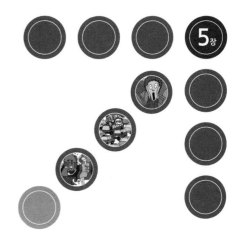

5장

Feeling bad

A : Hey, Maria, what's wrong?

B : I'm stuck. I hate my boss but I can't quit my job.

A : That's terrible. What's so bad about your boss?

B : He's clueless. And he's so nosey. I tried talking to him, but it was a nightmare.

A : Oh my goodness! He can't be that bad!

B : Please put yourself in my shoes. He really is that bad.

A : 마리아, 뭐가 문제야?

B : 최악이야. 직장 상사를 정말 증오하는데, 직장을 그만둘 수가 없어.

A : 완전 꽝이군! 직장 상사가 뭐가 그렇게 안 좋은데?

B : 눈치도 없고 참견을 많이 해. 그에게 말하려 해봤지만 끔찍했어.

A : 세상에 이런 일이! 그가 그렇게 나쁠 리 없어.

B : 내 입장에서 생각해봐. 그는 정말 최악이라니까.

Feeling bad

기분 나쁘다는 것을 잘 표현 못하시는 분들 많죠? 잘못된 것을 지적하는 것도 어렵고 내 마음을 솔직하게 표현했을 때 상대방으로부터 예상치 못한 반응을 얻게 되는 것도 당황스러운 일이고요.

이번 5장에서 하고 싶은 이야기는 영어를 사용할 때 좀 더 자유롭게 표현하셔도 된다는 겁니다. 'No'도 분명하게 밝히고, 자신의 의사와 의견, 남과는 다른 생각을 충분히 표현하세요. 특히 우리는 NO라고 이야기하는 것 자체가 익숙하지 않은 편입니다. 중용의 미덕도 있고, 동방예의지국이기도 하고, 아직도 개인의 의사보다는 단체의 의견을 존중하는 문화가 있으니까요.

그러나 아이들을 생각해보세요. YES를 먼저 익히나요, NO를 먼저 익히나요? NO지요. 한국 아이들은 자연스럽게 "싫어!"를 "좋아~"보다 먼저 익히고요, 영어권 아이들은 "No!"를 외치느라 바쁩니다. "Yes, Yes~"하는 어린이는 없어요. 단, 너무 무례한 표현을 사용하면 안되니까, excuse me나 thanks 등 중화를 시켜주는 표현도 함께 익혀야 한다는 점은 꼭 기억하세요.

1

꽝이야

That's terrible.

절망적이고 안 좋은 상황을 나타내는 표현은 terrible, awful과 같은 형용사를 이용해서 표현하면 됩니다. 예문이 좀 으스스한 꿈 이야기여서 그런데, 뭐 꿈이니까 이해하세요. 실제 상황이면 아마 terrible 정도로 표현을 못할 겁니다.

"It's awful."도 함께 익혀두세요. '정말 안됐구나, 끔찍하네'라는 느낌을 줍니다. 이와 반대되는 의미로 좋은 상황이라면? 기본적으로는 "It's awesome!"도 있고, 앞장에서 나온 "That rocks!"도 좋습니다.

A : I dreamed that somebody got murdered last night!
B : That's terrible!

A : 어젯밤에 누군가 살해되는 꿈을 꿨어!
B : 끔찍하네!

2
외모가 꽝이야

Somebody hit her/him with an ugly stick.

● He has a face only a mother could love.

외모가 출중하지 못하고 못난 사람들을 일컬어 이렇게 표현하는데, 좀 미안하지만 직역하면 '낳아준 엄마만이 사랑할 수 있는 외모야'라는 뜻이 됩니다.

우리나라에서는 한때 '폭탄이야'라는 표현이 '외모가 꽝이다'라는 뜻으로 쓰인 적이 있습니다. 재미있는 사실은 한국어를 그대로 영어로 표현해서, "She's a bomb."나 "He's a bomb."라고 하면, 의도한 것과는 정반대로 "그녀는 너무 멋져" 혹은 "그는 너무 매력적이야"가 된다는 겁니다. 그러니 여러분이 의도한 바대로 제대로 사용해주세요.

A : Somebody hit him with an ugly stick.
B : I disagree. I think he's quite handsome.

A : 저 남자 정말 못생겼어.
B : 내 생각은 달라. 그 남자 꽤 잘생긴 것 같아.

3

그는 눈치가 없어요

He's clueless.

눈치가 없는 사람은 어떻게 표현할까요?

"He's clueless." 비슷한 표현으로 "He doesn't have a clue."가 있습니다.

Clue는 해결의 단서를 뜻하는 말인데, clue에 부족함을 뜻하는 ~less가 붙어서 clueless 가 되었네요. 그러니까 clueless는 말 그대로 '실마리가 없다, 단서를 알아채지 못한다', 즉 해결의 실마리조차 부족한 사람이므로 결국 '눈치가 없다'는 표현이 됩니다. 사실 눈치 없는 사람처럼 상대하기 어려운 사람도 없지요.

A : Can you help my friend buy some new clothes? He's clueless.

B : Sure, I love to do makeovers!

A : 제 친구 옷 사는 것 좀 도와주시겠어요? 걔는 정말 감각이 형편없어요.

B : 그럴게요, 저 단장하는 것 좋아해요!

4

안 믿어

I don't buy it. I don't trust it.

buy라는 동사를 가장 재미있게 사용한 표현 중 하나라고 할 수 있습니다. '안 팔아~'를 크게 외치며 인기를 끌었던 코미디언 정주리가 생각나는군요. '안 사~'는 결국 '네 말은 돈을 주고 살 만한 가치가 없어. 즉 믿을 수 없어'라고 해석하게 됩니다. 격렬한 말싸움과 변명, 핑계가 오가는 영화의 한 장면에서 "I don't buy it." 하면 '넌 신뢰를 잃었어, 난 더 이상 너를 믿을 수 없어'가 되겠죠.

A : This doctor claims he's found the cure for cancer.

B : I don't buy it.

A : 이 의사가 암 치료제를 개발했다고 하더라.

B : 난 안 믿어.

5

그녀는 너무 참견을 많이 해요

She's so nosy(=nosey).

너무 개인적인 질문까지 많이 해서 불편한 경우를
영어로는 '코를 움직여 여기저기 킁킁거리면서
냄새를 맡는 것'으로 표현합니다.
여기저기 냄새를 찾아다닌다는 것은 결국
참견을 지나치게 많이 한다는 뜻이 됩니다.
사적인 부분은 사적으로 그냥 둘 수 있도록,
너무 코를 킁킁거리며 참견하지 맙시다.

A : She's so nosey. She asked about my bank account!

B : Well, at least she doesn't ask about your past love life!

A : 그녀는 오지랖이 너무 넓어. 내 계좌번호를 물어보더라구!

B : 글쎄, 그래도 최소한 너의 연애사를 묻지는 않았잖아!

6
넌 정말 너무 우유부단해!

You're so wishy-washy!

wish-wash는 명사로 '시시한 이야기나 김빠진 술, 싱거운 음료' 등을 뜻하는 말입니다. 그럼 사람이 김빠진 것 같고, 싱겁다면 어떨까요? 형용사로는 '우물쭈물하는, 두서없이 주절대는, 말을 어설프게 하는 혹은 약한' 등의 뜻을 갖게 되니까 'lacking in determination' 즉, '우유부단하다'는 표현으로도 사용됩니다.

● She is just so wishy-washy because she won't tell her husband what she wants in their relationship.

A : I bought the red sweater, but then exchanged it for a green sweater, but now I can't decide if I should go back to the original red one.

B : You're so wishy-washy! Just choose one!

A : 빨간 스웨터를 샀는데, 다시 초록색으로 바꿨거든, 근데 지금 원래대로 빨간색이 나을지 결정을 못하겠어.

B : 넌 너무 우유부단해! 그냥 하나 골라!

7

세상에 이런 일이!

Oh, my God! Oh my goodness! Holy Santa Maria!

1,000회를 넘긴 모 방송사 프로그램의 제목입니다. 매주 놀라운 인물, 동물, 상황, 희한한 상황을 우리에게 보여줍니다. 우리는 그걸 보면서 놀라죠. "세상에 이런 일이!"

전 개인적으로 "Oh, my God!"은 영화나 극적인 장면에서 자주 들었던 것 같고, 실생활에서는 "Oh my goodness!"를 많이 듣고, 사용했던 것 같아요. 상대편이 막 흥분을 해서 거기에 적절하게 호응을 해야 하는 상황. '그래 그렇지 뭐' 이런 정도로 사실은 뭐 그렇게 대단히 놀랍지 않을 때 살짝살짝 표현해도 괜찮다는 걸 알게 되었기 때문이죠.

A : Wow! The figure skater just scored a perfect score!
B : Oh my goodness!

A : 와! 그 피겨 스케이트 선수가 방금 만점을 받았어!
B : 어머 그런 일이!

8
끔찍했어

It was a nightmare.

좋은 꿈 말고, 악몽입니다. 악몽은 어떤 꿈이죠? 무서운 영화의 제목에 nightmare가 자주 사용되는 것을 보면, 다시 생각하고 싶지 않은 꿈이나 별로 좋지 않았던 경우라고 할 수 있겠죠?

예문에 나온 typhoon 대신 저는 중서부 지역에서 tornado를 끔찍하게 겪었던 기억이 있습니다. 당시 기숙사 10층에 살고 있었는데, tornado가 너무 심하던 어느 날, 저희 층의 관리 담당 선생님이 일일이 방문을 두드리며 지하로 대피하라고 했어요. 영화나 뉴스에서 보면 집 한 채가 호로록 소용돌이 중앙에 빨려 들어가면서 순식간에 산산조각이 나잖아요. 우리 학교 기숙사는 튼튼한 벽돌 건물이었음에도 불구하고, 높은 층에 있는 학생들이 위험할까 봐 미리 안전조치를 취했던 겁니다.

마치 우리나라의 민방위 훈련 때처럼 기숙사의 그 많은 학생들이 지하층에 모여서 킥킥거리며 수다를 떨었죠. 이렇게 이야기하고 보니 끔찍했다기보다 재미있는 추억을 얘기하는 것 같네요?

A : I was there when the typhoon hit the beach. It was a nightmare.
B : How awful! Thank God you're still alive.

A : 태풍이 해변에 휘몰아쳤을 때 나 거기에 있었어. 완전히 악몽이었어.
B : 끔찍해라! 아직 살아있어서 다행이야.

9

당신들, 언젠가 꼭 후회하게 될 거예요

Someday you'll feel really sorry for yourselves!

단순한 경고라고 하기엔 조금 강도가 세죠? "You'll feel sorry." 하면 거의 "You'll regret it for sure." 정도가 되니까요.

이보다 더욱 중요한 것은 'sorry'의 다채로운 뜻과 표현방법입니다. '미안하다, 유감스럽다, 가없다, 아쉽다' 등 의외로 쓰임새가 다양하니 잘 익혀두세요.

- Sorry about that.
- I'm sorry for her.
- We're very sorry to hear of your mom's accident.
- I'm sorry that I cannot come to your party this weekend.

A : I know we're right. I think you're wrong and we won't change our minds.

B : Someday you'll feel really sorry for yourselves!

A : 우리가 옳아요. 당신이 틀렸어요. 우리 마음은 바뀌지 않을 겁니다.

B : 당신들, 언젠가 후회하게 될 거예요!

10

제 입장에서 생각해 주세요

Try putting yourself in my shoes.

억울한 일이 있을 때 흔히 '내 입장 좀 생각해줘'라고 말하죠. 이럴 때 영어로는 '당신이 직접 내 신발을 신어보세요'라고 말합니다. 입장 혹은 처지를 신발로 표현하는 것이 흥미롭지 않습니까?

이 표현이 나의 처지를 고려해달라고 하는 표현이라면 상대편의 입장을 고려해달라고 할 때는 어떨까요? "Just to play the devil's advocate."라고 합니다. 악마를 변호한다니 이 또한 재미난 표현이라고 생각되는데요. 어떤 입장에서든 억울함을 호소하고 싶을 때 이 표현들을 적절히 사용하면 정말 유용할 것 같네요.

A : I think you should not have done that.
B : Come on. Please put yourself in my shoes. What would you do?

A : 넌 그러지 말았어야 했어.
B : 이봐. 내 입장에서 생각해봐. 너라면 어떻게 하겠니?

11

최악이야

It sucked.

이번에는 최악의 경우에, 혹은 어떤 일이 형편없을 때 사용하는 표현입니다. 가끔 영화에서 거의 '욕' 수준으로 등장하는데, 정말 화가 나거나, 아주 싫거나, 실망한 경우 혼잣말처럼 사용합니다. 한편으로는 '물/공기/지식을 흡수하다'라는 뜻도 있어서 뱀에 물렸거나 했을 때 "He sucked poison from a wound."처럼 사용할 수도 있어요.

A : How was it working at your uncle's factory?
B : It sucked.

A : 너희 삼촌 공장에서 일하는거 어땠니?
B : 최악이야.

12

두고봐

▲

You'll see.

"You'll see."라고 하면 '곧 그런 일을 보게 될 거야, 깨닫게 될 거야'라는 의미가 됩니다. 다시 말해 모든 일은 지나가고 너 역시 관망하는 날이 올 테니 너무 걱정하지 말라는 표현입니다.

see나 tell과 같은 아주 쉬운 동사들은 여러분이 알고 있는 '보다, 말하다'처럼 단순히 사용되는 경우보다는 지금처럼 "I see." '알겠어요.' "I can tell the difference." '차이를 알겠어요'처럼 표현되는 경우가 더 많아요. 잘 알고 적절하게 사용하세요.

A : Our baseball team did so poorly this year.
B : Don't worry, you'll do much better next year. You'll see.

A : 우리 야구팀은 올해 너무 형편없어.
B : 걱정 마, 내년에는 훨씬 잘할 거야. 두고봐.

13

왜 그렇게 힘들게 하는데?

Why torture yourself?

실제로 그만큼 심각한 것은 아닌데, 오히려 일을 어렵게 만드는 경우를 의외로 많이 봅니다. 스스로를 돕는 것이 아니라 스스로를 괴롭히는 거죠. 그럴 때는 이렇게 얘기하는 겁니다. "힘들게 하지 말고 그냥 좀 두면 안 될까?"라고요.

- Why make yourself miserable?
  너 자신을 왜 그렇게 처량하게 만드니?

- Why make it (any) harder (than it has to be)?
  실제보다 너무 어렵게 하는 거 아니니?

한의원에 갔더니 제가 체질적으로 관절이 약하답니다. 정말이지 음…… a full time maid를 고용해서 사는 날이 왔으면 하고 소원을 빌어봅니다. 여러분도 "소원을 말해봐!"

A : My back hurts from cleaning my floor!

B : Why torture yourself? Just hire a maid.

A : 바닥 청소를 했더니 허리가 너무 아파!

B : 왜 스스로를 괴롭히니? 가정부를 고용해.

14

문제가 생겼어요

I'm behind the eight ball.

이번에는 문제가 생겼을 때 사용할 수 있는 표현들을 정리해볼까 합니다. Language about problems라고 이해하시면 돼요. '문제가 생겼어요.' '망했다!'라는 뜻입니다.

- I'm so screwed.
- I screwed it up.
- Behind the eight ball.
- I am so dead.
- I made a mess of this.
- My life is a mess.

위에 나온 표현 중에 다른 문장은 척하면 알겠는데 "behind the eight ball."은 잘 모르겠지요? 여러분, 포켓볼 아시죠? 15개의 공을 한 명은 1번부터 8번까지, 다른 한 명은 15번부터 8번까지 양쪽 끝부터 구멍에 넣는 게임이죠. 최종 8번 공을 넣는 사람이 이기는데, 마지막 8번 공이 남았을 때 다른 공이 길을 막고 있다면 매우 난처하잖아요. 거기서 나온 표현입니다. 이외에도 뭔가 실패했을 때 쓸 수 있는 표현들이예요. 잘 기억해두세요.

A : Henry got caught cheating during his English exam.

B : Really? He's behind the eight ball. The English teacher has no tolerance for cheating.

A : 헨리가 영어시험 때 컨닝을 하다 걸렸대.

B : 정말? 큰일 났네. 그 영어 선생님 컨닝에 대해선 절대 안 봐주시는데.

15

완전히 오도가도 못 해, 빼도 박도 못 하게 됐어

I'm stuck.

주차장으로 변해버린 길 위에서 오지도 가지도 못하는 상황. "아, 갇혔어."

진행하고 있던 일이 잘 안 되고 있어요. "I'm stuck."

약속시간에 차를 가지고 나가다가 꽉 막혀서 길 위에서 오도 가도 못 하고 있는 상황입니다. 늦어서 미안해하면서 사실을 설명합니다. "Sorry, honey, I'm stuck here at Gwanghwamoon."

교통뿐만 아니라 여러 가지 상황 때문에 사면초가가 되었다면 이보다 더 적절한 표현이 없겠지요.

A : Why do you look so gloomy?
B : I'm stuck. I hate my job but I can't quit because the economy is so bad.

A : 왜 이렇게 시무룩해?
B : 꼼짝도 못해. 내 일이 너무 싫지만 경기가 너무 나빠서 그만두지도 못해.

16

당황스럽다 그리고 부끄럽다

embarrassed vs ashamed

우리가 흔히 '부끄럽다, 당황스럽다, 쑥스럽다'라는 의미로 embarrassed와 ashamed를 쓰는데 두 단어 사이의 미묘한 차이를 몰라서 어떤 걸 써야 하나 헤매다 그냥 아무거나 쓰는 경우가 많았을 거예요. 두 단어의 가장 큰 차이는 당황스럽고 쑥스러운 사실을 '누가 아는가'입니다. 예를 들어볼게요.

- His questions about my private life embarrassed me.
  내 사생활에 대한 그의 질문들은 나를 당황스럽게 했다.
- I feel almost ashamed that I've been crying all day.
  내가 하루 종일 울었다는 사실 때문에 부끄러운 기분이 들었다.
- He was ashamed that he had lied.
  그는 거짓말했다는 사실을 부끄러워 했다.

embarrassed는 내가 당황했다는 사실을 누군가가 아는 거예요. 상대방의 질문이나 상황에 따라 쑥스럽게 된 경우입니다. 이에 반해 ashamed는 혼자 뭔가를 깨닫고 부끄러움을 느끼는 겁니다.

이번에는 성적을 예로 들어볼까요? 내 황당한 성적을 짝꿍이 봤어요. 헉! "I was so embarrassed."입니다. 그냥 혼자 내 성적을 보고 '아, 이번 학기 망쳤구나'라고 느꼈다면, "I was ashamed."가 됩니다. 확실히 구분해서 상황에 따라 적절히 쓸 수 있겠죠?

A : I fell over right in front of him! I was so embarrassed!
B : Don't worry. I'm sure he didn't think much of it.

A : 그 남자 바로 앞에서 넘어졌다니까! 너무 창피했어.
B : 걱정마. 별로 신경 안 썼을 거야.

A : My brother got a zero for his test. I'm so ashamed.
B : You must be! You even go to the same school.

A : 내 동생이 시험에서 빵점을 맞았어. 너무 부끄러워.
B : 진짜 그렇겠다. 심지어 같은 학교 다니잖아.

17

불행히도 그렇게 되지 않았어

No dice.

간절히 바랐건만 바라던 대로 이루어지지 않은 일에 대해서 약간의 후회와 미련을 버리지 못하고 "불행이야"라고 하고 싶을 때 영어로는 "No dice." 이렇게 표현합니다. 한마디로 주사위는 굴러갔는데, 자신이 원하던 번호는 아니었던 거죠.

● It didn't work out.

　그렇게 되지 않았어.

● No luck.

　운이 없는 거지 뭐.

A : How was your search for sunken treasure? Found anything?

B : No dice. We dived for four hours and came up with nothing.

A : 침몰한 보물을 찾는 건 어땠어? 뭐라도 찾았어?

B : 전혀. 물속에서 4시간을 찾아 다녔는데, 아무것도 못 건졌어.

Fashion

A : Hey, Stacy, you look great in that dress.
B : Thanks. It's a handed down from my mother.
A : Really? You're lucky. Vintage dresses are in.
B : Yeah, what a deal, right? But I had to lose weight to fit into it!
A : Do you work out?
B : Yes, I realized I needed to do so. I used to be healthy , but I gained a lot
of weight in the past few years.
A : Well, you look great in it. That kind of retro dress is a must-have item this season.

A : 이봐, 스테이시, 원피스가 참 멋있다.
B : 고마워. 이거 엄마가 물려주신 거야.
A : 정말? 행운인 줄 알아. 요즘 빈티지 원피스가 유행이거든.
B : 음, 땡 잡았어. 맞지? 하지만 딱 맞게 입으려면 살을 빼야 해!
A : 운동하니?
B : 응, 운동을 해야 할 필요가 있다는 걸 알게 됐거든. 예전엔 꽤 괜찮았는데 최근 몇 년간 살이 너무 쪄버렸어.
A : 글쎄, 괜찮아 보이는데, 뭐. 그런 원피스는 이번 시즌에 반드시 사야 할 물건이야!

Fashion

저는 아름다움에 선행하는 것이 행복이고, 행복한 사람이 확률상 더 아름다울 수 있다고 믿어요. 사실 단순히 외모만 예뻐지면 된다는 식의 온갖 광고를 보다 보면 마음이 복잡해지기도 합니다. 젊음이나 외면적 미모와는 또 다른 종류의 성격이나 성품, 품위, 배려심 등을 갖추려는 노력이 한 해 한 해 더욱 중요해질 텐데 말이죠. 웰빙(Well-being)이나 웰다잉(Well-dying) 못지않게 제가 중요하게 생각하는 어휘가 있습니다. 'aging gracefully'입니다. 가능하면 우아하게 나이 들고 싶어요.

다음웹툰에 있는 만화가 천계영의 〈드레스 코드〉라는 작품을 보면, 패션에 대한 지식이 방대해서 놀라울 뿐만 아니라 그것을 개인이 체화해가는 과정도 흥미롭습니다. 제가 개인적으로 좋아하는 작가인데, 언젠가 직접 친분을 쌓는 날이 오면 좋겠습니다.

1

이거 제 어머니가 물려주신 거예요

It's a handed down from my mother.

제 연구실에는 '즐거운 우리 집'을 연상하게 하는 수 액자가 한 점 있습니다. 한 켠에 아담한 집이 있고 그 앞으로는 푸른 강이 흐르고 있지요. 제 어머니께서 젊으실 적에 행복한 결혼을 꿈꾸며 한 땀 한 땀 놓으신 십자수랍니다. 액자로 만들어 걸어놓았더니 어머니께서 보시고 무척이나 좋아하셨던 기억이 나요.

A : That sweater looks very good on you. And what an interesting design!

B : Thank you. It's a handed down from my mother.

A : 너 그 스웨터 참 잘 어울린다. 디자인도 괜찮고!

B : 고마워. 어머니로부터 물려받은 옷이야.

2

운동하세요?

Do you work out?

여러분, 아무리 바빠도 우선순위를 좀 바꿔보세요. 영어공부도 좋지만 자신이 좋아하는 운동을 하면서 먼저 건강한 몸을 만들면 어떨까요. 그럼 바로 영어를 할 힘이 납니다.(순서를 바꾸라니 제가 영어과 교수가 맞을까요? ㅋㅋ) 참, 그냥 운동이 아니고 자신이 좋아하는 운동을 찾으셔야 합니다. 수영이든 헬스든 즐거운 운동을! 모든 운동이 모든 사람에게 다 맞을 수는 없거든요.

그리고 띄어쓰기를 하느냐 아니냐에 따라서 전혀 다른 표현이 될 수 있으니 상황에 맞게 사용해야 하는 것 잊지 마세요. 'workout' 즉 '워크아웃 상태'가 되어버리니까요.

A : Do you work out? You look really strong.

B : Why, yes, I do. I go to the gym twice a week.

A : 운동하시나요? 정말 건강해 보여요.

B : 네 맞아요. 일주일에 두 번씩 헬스장에 다녀요.

3

유행이야

It's in.

최신 유행하고 있는 것을 가리킬 때 in이라고 합니다. 반대로 out을 쓰면 유행이 지나갔다는 것을 뜻합니다. 가장 최근의 것이라고 해서 물론 'the lasted thing'이라는 표현을 사용하기도 하지요. 구어적으로는 형용사 'hot'을 이용해서 표현하시면 됩니다.

- It's the latest thing.
- It's trendy these days.
- It's really hot.

A : Have you heard about the new IPad Air?
B : Yes, it's making all the news. It's in this year.

A : 새로운 IPad Air 소식 들었니?
B : 응, 온통 그 얘기더라. 올해 유행이야.

4
반드시 사야 할 물건이야!

It's a must-have (item).

쇼핑에 관심이 많은 분들이라면 '머스트해브 아이템'이라는 표현을 많이 들어보셨을 거예요. '반드시 사야 할 물건'이라는 표현인데, 우리나라에서도 영어 표현을 그대로 가져다 사용하고 있어서 이제는 거의 고유명사화 된 것 같습니다. 이 표현 외에도 "It's something you can't do without."이라는 표현이 있는데요, '그것 없이 아무것도 할 수 없다'라는 의미로 반드시 필요하다는 걸 강조해주는 말이겠죠?

모든 사람에게는 상황에 따라 각자 꼭 필요한 물건이 있는 법이랍니다. 이제부터 쇼핑할 때 "이건 반드시 사야 해!"라고 말해주고 싶을 때 외치세요! "It's a must-have!"

A : Here is a new diaper changing pad that fits in your purse.

B : Yes, I heard of it. It's a must-have item for new mothers.

A : 여기 네 가방에 딱 맞는 새 기저귀 교환 패드야.

B : 응, 들어본 적 있어. 초보엄마들의 필수품이지.

5

너, 간지가 장난이 아냐!

You look so hot/great in that dress/jacket.

멋진 옷을 입고 나타난 친구에게 '정말 잘 어울린다'고 칭찬하는 표현입니다. 요즘 일본어에서 온 '간지'라는 단어를 많이 사용하는데 표준말은 아니지만 구어적인 표현이니까 그렇게 이해해줍시다. "You look so hot in your dress!"(너 입고 있는 모습이 장난이 아닌걸!)

A : You look so great in that dress.
B : Thanks. I bought it yesterday.

A : 너 그 옷 정말 잘 어울린다.
B : 고마워. 어제 산 거야.

6

그는/그녀는 정말 옷을 잘 입어

He is a sharp dresser. / She is very fashionable.

한동안 얼짱, 몸짱, 센스짱 등 뭔가 뛰어난 '~짱'이라는 표현을 많이 사용했습니다. '패셔니스타'나 '스타일'이라는 영어 표현도 한국어 대화 중에 많이 사용되고요. 옷 잘 입는 사람, 패션 센스가 뛰어난 사람 역시 인기가 많죠? '와, 그 사람 진짜 옷 잘 입어, 멋쟁이야'라는 표현은 어떻게 할까요?

우리가 필기할 때 자주 쓰는 물건이죠? '샤프'의 정확한 명칭은 mechanical pencil인데, 가늘고 뾰족한 연필을 말합니다. 눈빛이 호리호리하고 예리한 사람을 칭할 때도 "와, 그 남자 정말 샤프해"라고 하죠? "He/She is a sharp dresser."는 뭔가 반듯하고 깔끔하고 딱 떨어지게 옷을 잘 차려입은 사람을 말합니다.

다음으로는 "She is very fashionable." '그녀는 매우 패셔너블해.' 여러분도 자주 쓰는 표현입니다. 제가 소개하는 예문들 다 유용하게 사용할 수 있는 표현인 것은 물론이지만 개인적으로는 sharp dresser라는 말이 정말 'edge'가 살아 있다고 생각합니다.

- He/She is a good/fantastic dresser.

- He/She knows clothes well.

- He/She is very fashionable.

A : What do you think of Billy's fashion style?

B : He's a sharp dresser.

A : Billy의 패션감각은 어떤 것 같아?

B : 걔는 옷을 아주 잘 입어.

7

진짜 싸다!

They're so cheap!

물건과 관계되어서 중요한 것이 가격이겠죠. cheap은 말 그대로 가격이 저렴하다는 표현입니다. "It's so cheap!" '그거 진짜 싸다~' 정도가 되겠죠. 만약 비싼 경우라면? '비싸다'는 단어는 expensive입니다. 그러니까 "It's so expensive!"라고 하면 '그거 진짜 비싸다~'가 되겠네요.

싼 것과 비싼 것이 있었으니 이번엔 적절한 가격을 알아보겠습니다. '타당한, 합리적인'이라는 뜻의 reasonable을 이용하는데요. "It's reasonable." "The price is reasonable."이라고 하면 '가격이 적당하네요'라는 뜻이 됩니다.

A : Jeff says he bought his new textbooks for only $2!
B : They're so cheap!(That's so cheap!)

A : Jeff가 새 교과서들을 달랑 2달러에 샀다는군!
B : 아주 거저로군!

8

그 상인이 네게 바가지를 씌웠어

You got ripped off.

"It's reasonable." 적절한 가격이라고 해서 좋았는데, 자세히 알고 보니 상인이 바가지를 씌운 상황이면 어떡하죠? 여행지에서 주로 당하는 일이잖아요. '진짜 바가지를 썼구나, 정말 실제 가격에 비해 터무니없이 비싼 가격을 치렀구나'는 "What a rip off!"라고 하면 됩니다. rip off를 사용해서 재미있는 표현이 탄생했습니다. "He ripped you off!"(그 사람이 완전히 바가지를 씌운 거지!)

A : I bought this yesterday from a salesman for a lot of money, but it's already broken.

B : Really? You got ripped off by the salesman.

A : 어제 가게 점원한테 이걸 아주 비싼 가격에 샀는데, 벌써 고장났어.

B : 정말? 그 점원이 널 바가지 씌웠구나.

9
괜찮은 가격이네

What a bargain! / That's a good deal!

판매 가격에 대해 만족을 나타내는 표현으로 사용됩니다. 여기서 deal은 상당량, 즉 많은 양을 뜻하며 가격에 비해 양이 많아 싸다고 생각되는 상품들을 일컬어 '가격이 괜찮다'라고 표현할 수 있습니다. 다른 표현으로는 "It's a steal."을 사용할 수 있습니다. steal은 '도둑질, 훔친 물건'을 뜻하는데 여기서는 훔친 물건처럼 '거의 공짜로 얻은 물건이나 다름없다'는 의미가 되어 '매우 저렴하다/무척 싸다'는 뜻이 됩니다.

A : Did you know you can use this coupon and get a free meal?
B : Wow! What a deal!

A : 이 쿠폰으로 무료식사가 가능하다는 것을 아셨나요?
B : 우와! 땡잡았네!

10
정말 아니었다구

It was 0 out of 10.

'꽝'을 표현하는 말로 "That's terrible." "It's awful." 등을 쓴다는 걸 이미 공부했습니다. 이번에는 숫자로 해볼까요? '꽝'을 숫자로 하면 빵점이 되겠죠? 10점 만점에 0점을 맞은 경우니까, '아니었다', '좋지 않았다', '별로다' 이렇게 해석할 수 있습니다.

A : How would you rate your blind date?
B : Terrible. It was 0 out of 10.

A : 소개팅 어땠는지 점수 매겨볼래?
B : 최악이었어. 10점 만점에 0점이야.

11

나도 한때 잘나갔는데

I used to be hot.

한창 잘 나가던 예전의 추억을 떠올리며 할 수 있는 말이죠. "Used to~"라는 표현을 쓰게 되면 '이전에는, 옛날에는 ~했었다'라는 의미를 가지게 됩니다.

외모와 관련해서는 '멋지다'라는 뜻의 hot을 이용해서 '나도 한때는 멋졌다'라고 표현할 수 있습니다. 남성들의 경우에는 "I used to be a player/a real ladies man."이라는 표현을 쓰기도 합니다.

A : You know Dan Craig right?

B : From Texas?

A : Yea, he's a ladies man.

A : 너 댄 크레이그 알지?

B : 그 텍사스 출신 친구?

A : 그래, 그 애가 좀 여자들한테 인기가 있었잖아.

예문은 제가 좀 더 신랄한 걸 적었어요. 원래는 "You are still good-looking."이라고 하려고 했는데 말이죠.

A : I used to be hot. But now I look so old.

B : Don't worry. You can always do plastic surgery.

A : 나 한때는 잘나갔어. 지금은 늙어 보이지만.

B : 걱정 마. 언제든 성형수술 하면 돼.

12

이 제품은 최신식이에요

This model is cutting-edge.

최신식이라는 표현에는 latest, newest, most-up-to-date 등이 있습니다. 그런데 우리는 지금 Real & Live를 하고 있잖아요. 그러니까 cutting-edge라는 표현을 배워볼까요? cutting-edge는 '칼날 같다'는 뜻에서 시작해서 '최첨단'이라는 뜻을 갖고 있어요. 요즘 cutting-edge를 달리는 제품은 뭐가 있을까요?

A : This laptop is so fast!
B : Yes. This model is cutting-edge.

A : 이 노트북 정말 빨라!
B : 응. 그래 최신식 모델이거든.

13

정말 끝내주게 좋았어

She/He is a 10 out of 10.

누군가 여러분에게 '파티 어땠어요? 영화 어땠어요?'. 이렇게 물어볼 수 있겠죠? "How was the party?" "How was the movie?" 물론 '좋았다, 그저 그랬다' 등을 다양한 형용사로 표현할 수 있습니다. "It was good." "It was okay." 혹은 좋았다고, "It's awesome."이라고 하실 수도 있겠죠. 그런데 숫자를 통해서 표현해보면 어떨까요? 노래 가사로도 '10점 만점에 10점!'이 한때 유행했었는데, 만점을 맞았으니까 아주 좋았다고 이해해주세요.

A : How do you rate Billy's new girlfriend?
B : Beautiful. She is a 10 out of 10.

A : Billy 여자친구 어때(몇 점 줄래)?
B : 아름다워. 10점 만점에 10점이야.

14
너는 너무 근시안이야

You fail to see forest for the trees.

"너는 숲은 못 보고 나무만 보는구나"라고 이해하시면 되겠습니다. 근시안이라는 것이 가까운 것만 보고 멀리 있는 것은 못 보는 상태이고, 결국 큰 그림은 놓친 것이니까요. 어른이 된다는 것은 미래를 바라보는 것인데, 예측을 하고 미리 준비하는 것, 큰 그림을 보는 것이 얼마나 어려운지……

- You fail to see the big picture.
- You're missing the big picture.
- Focusing too much on the details.
- Failing to see the large picture.

A : I can't believe Anna is giving up her job because of such a small thing!

B : She is failing to see the forest for the trees.

A : 안나가 그렇게 사소한 것 때문에 작업을 포기한다는 걸 믿을 수가 없어!

B : 작은 것 때문에 큰 그림을 못 보고 있는 거지.

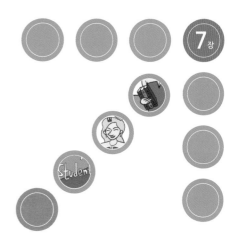

7장

Study

A : I just don't get it. Why is Spanish so hard?

B : I get it. Just keep trying. ¡No Te Preocupes!

A : Wow, your Spanish is good! What's your secret?

B : There's no secret. I just use flashcards and practice a lot.

A : You're such a nerd! No wonder you're so fluent.

B : I wouldn't say I'm fluent, but I'm always working on it.

A : You're a machine. Ah, for me, studying is like pulling teeth! I think I'll try
and use flashcards like you.

B : It doesn't hurt to try.

A : 뭐가 뭔지 모르겠어. 스페인어는 왜 이렇게 어려운 거야?

B : 감 잡았어. 계속해. ¡No Te Preocupes!

A : 와우, 너 스페인어 잘하는구나! 비결이 뭐야?

B : 비결은 없어. 단지 플래시 카드를 이용해서 연습을 많이 했을 뿐이야.

A : 너 완전히 범생이구나! 네가 유창하다는 데는 의심의 여지가 없어!

B : 내 스스로 유창하다고 말할 수는 없지만, 늘 열심히 하고 있어.

A : 너는 공부벌레야. 아, 나한텐 장난 아니게 어려운걸! 나도 너처럼 플래시 카드를 이용해봐야겠다.

B : 밑져야 본전이지!

Study

영어를 잘 하고 싶으시죠? 그럼 좋아하세요. 좋아해야 오래할 수 있고 그래야 잘 할 수 있습니다. 우선 영어가 재미있다고 주문을 걸고, 아니면 최소한 자기 암시라도 하고, 영어를 좋아하려고 노력하면서 마지막으로 영어선생님을 좋아해보는 겁니다. 이 세 가지 단계는 제가 특별한 사람들에게만 알려주는 저만의 비법입니다^^*

많은 사람들은 영어가 언어라는 사실을 잊습니다. 수학처럼 책상에 앉아서 공부하는 과목이라고 생각해요. 그러나 영어는 이 언어를 사용하는 사람들의 문화와 사상이 함께 흐르는 살아 숨쉬는 생명체와 같습니다. 그리고 이제는 World Englishes라고 해서 전 세계 200여개국 모든 인류가 서로의 문화를 이해하고 각자 개인과 자국의 사상을 널리 알리기 위해 익히고 사용하는 세계언어(Global Language)가 되었습니다.

언어를 익히기 위해서는 절대적인 시간이 필요합니다. 자발적인 노력이 필수적일 뿐만 아니라 다각도의 전략도 사용해야 합니다. 본인에게 가장 적합한 방법은 본인만이 찾을 수 있습니다. 모든 사람들은 다 다르니까요. 영어를 생활화해보는 것은 어떨까요?

1

감 잡았어

I get it.

'이해했어요'라는 표현을 살펴보겠습니다. get동사를 사용하면 되는데, 지금 이해를 하는지 혹은 과거에 이해를 했는지에 따라 동사의 시제를 바꾸면 됩니다. "Oh, I get it." 혹은 "I got it, I got it!" 쉬우면서도 구어적이고, 활용도도 높으니 꼭 기억하시기 바랍니다. "Did you get it?"

A : Do you understand what the poet is trying to say in the poem?
B : Yes. I get it. It all makes sense now.

A : 시인이 그 시를 통해 무얼 말하려는지 알겠니?
B : 응. 알겠어. 전부 이해가 돼.

2

뭐가 뭔지 모르겠어

I (just) don't get it.

아주 유용한 동사, get이 다시 등장합니다. get이라는 동사에는 '파악하다'라는 뜻이 있어요. 그래서 "I just don't get it." 그러면 '도무지 파악이 안 되는군. 또는 아휴, 이해가 안가'하는 뜻이 된답니다. "I don't understand it." '잘 이해가 가지 않는군요' 하는 표현과 뜻은 같지만 조금 더 구어적인 느낌이 나는 것, 느끼시지요?

같은 맥락으로 "I just don't understand."라고 해도 뜻은 통합니다만 "I just don't get it."이라고 하면 좀 더 구어적인 느낌이 생생히 난다고 할 수 있겠습니다.
이밖에 다른 표현들은 다음과 같습니다.

- I'm lost.
- It went over my head.

A : Hey Jen, do you know that Marcie broke up with Jason?

B : Really? I don't get it. They seemed so perfect for each other.

A : Jen, Marcie랑 Jason 헤어진 것 알아?

B : 정말? 이해가 안 되네. 서로 완벽해 보였거든.

3
너, 완전히 범생이구나!

You're such a nerd!

이번에는 범생이, 찌질이, 괴짜를 표현하는 단어들을 간략하게 알아봅시다. 한국어에서 '모범생'과 '범생이'가 비슷하면서도 많이 다르게 쓰이는 것처럼 영어도 그렇습니다. 모범생 대신 범생이라고 할 때는 상대편에 대해 약간은 무시하는 태도 그리고 비꼬는 듯한 면이 엿보입니다.

● Hey, Jonathan, you're such a nerd.

● You know what, I love nerdy guys.

nerd는 원래 너무 심각하게 공부만 하는, 그래서 일상적인 사회생활에는 적합하지 않은 은둔형 공부벌레를 뜻하는 표현이었습니다. 그런데 요즘에는 학교에서 성실하게 공부만 했던 사람들이 자기 분야의 최고가 되면서 사회에 긍정적인 영향을 끼치는 경우가 많이 생겼습니다. 이에 따라 nerd 역시 예전과는 달리 긍정적인 느낌을 많이 갖게 되었습니다. 학교를 다니던 당시만 본다면 지금의 Bill Gates를 상상하지 못한 사람들이 많지 않았겠어요? 그런데 성실함으로 승부하는 그가 이제는 사회에서 존경받는 인사가 되었잖아요.

이번에는 손댈 수 없는 뺀질이와 정말 심한 괴짜를 알아봅니다. geek은 너무 한 가지 일에만 몰두하는 은둔형 외톨이, dork 역시 말이 좀 안 통하는 사람이라는 뜻을 갖고 있습니다. 뺀질이와 괴짜는 각각 geek와 dork라는 표현을 사용하는데, 둘 다 다소 부정적인 표현이라는 점은 지나칠 수 없겠죠?

- I don't like to talk with Alan. He's such a geek.
  앨런하고는 별로 이야기하고 싶지 않아. 너무 뺀질거리잖아.
- Eric is such a dork. How did he get a girlfriend?
  에릭은 좀 심한 괴짜지. 근데 여자친구는 어떻게 사귀었대?

geek과 dork는 nerd와는 달리 여전히 부정적인 뜻을 갖고 있답니다.

A : I listen to class lectures on my IPad and I download history lessons on my IPad.
B : You're such a nerd!

A : 난 IPad로 수업을 듣고 IPad로 역사수업을 다운받아.
B : 너는 역시 범생이야!

4

비결이 뭐야?

What's your secret?

공부를 잘하는 사람들은 무언가 색다른 방법을 가지고 있는 것 같습니다. 그 비결이 무엇인지 물어보고 싶을 때 사용하면 좋은 표현이 바로 secret입니다. 흔히 secret이라고 하면 '비밀'이라고 알고 있는데, 자신만의 비밀이 곧 비결이라고 할 수 있으니 우리말과 완전히 다른 것도 아니죠? 공부를 잘하는 친구, 요즘 들어 부쩍 예뻐진 친구, 사업에서 성공가도를 달리는 친구들에게 물어보세요! "What's your secret?"

A : You always look so calm in the face of stress? What's your secret?

B : I practice meditation and relaxation breathing exercises.

A : 너는 어쩜 그렇게 스트레스 상황에서도 침착하니? 비결이 뭐야?

B : 나는 명상과 릴렉스 호흡법으로 숨을 쉬거든.

5
그는 공부벌레야

He is a machine.

공부벌레라는 표현을 bookworm으로 알고 있는 분이 많을 거예요. 말 그대로 책을 많이 읽는 책벌레라는 표현이죠. 그런데 우리가 '공부벌레'라고 하는 것은 책을 많이 읽는 사람하고는 좀 달라요. 공부벌레는 아침부터 밤늦게까지 변함없이 꾸준히 '공부하는' 사람을 뜻하거든요. 그러면 좀 더 대학생활에 맞는 현대적인 표현으로 익혀볼까요? 우리가 익혀야 할 표현은 바로 machine입니다. 기계라는 뜻이죠. 원래는 study machine이라고 해야 하지만 machine만으로도 기계처럼 꿈쩍도 하지 않고 공부만 하는 사람이란 뜻이 됩니다. 실감나죠?

A : Brad has been studying for ten hours straight.
B : Wow. He is a machine. How can he do that?

A : Brad가 10시간째 공부를 하고 있대.
B : 우와. 아주 공부벌레네. 걔 어쩜 그럴 수 있지?

6

그는 모범생이야 / 저는 모범생입니다

He's a model student. / I'm a model student.

'모범생'이라는 표현은 student 앞에 perfect를 넣어서 사용하면 됩니다. "He's a perfect student."라고 하면 군더더기 없는 완벽한 문장이지요.

perfect 대신 model을 쓸 수도 있습니다. 누군가의 역할 모델로서 본받을 만한 부분이 있다는 것이니, 다른 사람들에게 완벽해 보이겠죠? 표본이 될 만한 role model이라는 의미에서 모범생이라는 표현인 셈이죠. 여러분, "You are a model student, aren't you?"

- I'm a perfect student.
- Rebecca is a model student.

A : He's a model student. All the others look up to him.

B : That's nice. It's good to have at least one in each class.

A : 그는 모범생이야. 모두가 그를 선망해.

B : 잘됐네. 각 반에 한 명씩 있는 것, 참 좋지.

7

영어를 정말 잘하시는군요

Wow, your English is good!

영어를 공부하는 여러분들이 언젠가 꼭 들어야 할 칭찬의 표현입니다. "Wow, you speak English really well."도 마찬가지로 '영어를 정말 잘하시는군요'라고 번역할 수 있습니다. 이 말을 듣게 되는 그날까지 계속 열심히 해봅시다!

A : Wow, your English is good! Where did you learn?
B : I studied in Canada for three years.

A : 우와, 너 영어 잘한다! 어디서 배웠니?
B : 3년 동안 캐나다에서 공부했어.

 Real & Live

8

제 스스로 유창하다고 말할 수는 없습니다만,
늘 열심히 하고 있어요

Well, I wouldn't say I'm fluent but I'm always working on it.

"Thank you"대신 뭔가 멋지고, 그러면서도 겸손한 영어 표현을 익혀봅시다. 대화를 하다가 혹은 영어로 인터뷰를 하는 상황에서 상대편이 여러분의 영어를 칭찬한다면 이 문장을 통째로 해주세요. 상대편이 더욱더 여러분의 영어 실력을 높게 평가할 겁니다.

A : Would you say that you are a perfect bilingual speaker?

B : Well, I wouldn't say I'm fluent but I'm always working on it.

A : 스스로 완벽하게 두 가지 언어를 구사한다고 생각하십니까?

B : 글쎄요, 유창하다고 할 수는 없지만 항상 노력하고 있습니다.

9

기초 중의 기초지
/ 데이트할 때의 기초 중 기초지

101(means introductory course) / Dating Manners 101

혹시 물놀이 기회가 많이 있으신가요? 수영도 하고, 바나나보트도 타고 즐거운 시간을 보낼 수 있죠. 그런데 강이나 바다에서 스쿠버(Scuba)나 제트스키(Jet ski)를 즐길 때는 간단한 기초교육을 받게 됩니다. 미국에서는 이런 장비의 기초 사용법이라는 뜻으로 특별한 숫자를 사용합니다. 바로 '101'입니다!!

● Life in Korea 101 한국에서의 기초 상식

● Driving 101 운전 초보

● Dating 101 데이트에서의 기본 매너

미국에서는 어떤 일의 기본이 되는 사항이나 정보를 '101'이라고 합니다. 이 숫자가 어디서 나왔냐고요? 미국의 대부분 대학교에서 introduction 과목을 101으로 부르면서 생긴 표현입니다. 보통 1학년 과목은 백단위가 1로 시작하고, 2·3·4학년 과목은 2·3·4로 시작하거든요. 미국에서는 과목 이름보다 과목 코드를 이용하는 것이 더 편리하답니다.

예를 들어보죠. 심리학 입문 혹은 언어학 개론이라면 Introduction to Psychology 101, Introduction to Linguistics 101이 되겠죠. 누군가 Economics 404를 듣는다면 4학년 이상의 전공과목일 확률이 높고, 이미 101 등의 선수 과목은 다 배웠다고 가정할 수 있습니다. 저 역시 대학원에서 Qualitative Research 611, Topical Seminar 925 등의 과목을 들었던 기억이 납니다.

이 표현이 실제 과목명뿐 아니라 일반적인 상황에서도 적절하게 사용되는 예를 살펴볼까요? '한국에서는 식사 때 젓가락을 사용합니다. 식당에서 신을 벗어야 하는 경우도 있을 겁니다', Life in Korea 101. '운전할 때, 특히 차선을 바꿀 때는 앞뒤는 물론 양 옆을 꼭 확인하세요. 사각지대까지요', Driving 101. '첫 데이트에서 여성을 차에 태우실 때는 조금 멋쩍더라도 그녀를 위해서 차 문을 열어주세요. 가능하다면 현관문이나 다른 문도요', Dating Manners 101입니다.

A : I'd like to learn about the basics of poetry.
B : Then you should take Poetry 101.

A : 시의 기본에 대해서 배워보고 싶어요.
B : 그럼 시 기초반을 수강해.

10

이유를 모르겠어

I just don't get why.

"I just don't get why." 이 표현을 보신 분들은 많지 않을 겁니다. '왜 그런지 이해할 수 없어, 이해가 안 가'라는 표현인데요. 대화를 하면서 '난 이해가 안 가.' "I just don't get why."라고 말해도 되고 "I don't get why they'd keep doing this." '사람들이 왜 이걸 계속하는지 이해가 안 가.' 이처럼 뭔가 이해가 안 가는 내용을 뒤에 붙이셔도 됩니다. 흔히 쓰는 "I don't understand." 보다 재미있죠?

A : That must have been very hard when Brad dumped you.

B : Yeah, it was. I just don't get why.

A : Brad한테 차였을 때 엄청 힘들었겠다.

B : 응, 그랬어. 도무지 이유를 모르겠어.

11
아, 이제 기억나는 것 같아

That refreshes my memory!

refresh를 상상해보세요. 푸릇푸릇한 식물, 생기가 도는 붉은 뺨, 신선하고 아삭한 채소 혹은 맛난 식사 후의 활력, 이런 게 느껴지십니까? 그리고 배터리를 충전할 때나 컴퓨터를 재부팅할 때도 이 표현을 사용하지요. refresh a ship with supply라면 식량보급을 받는 선박 정도가 될 수 있겠습니다. 우리의 기억을 이렇게 산뜻하게 만들어놓으면 무슨 일이 일어날까요? 그렇죠. 잊어버렸다고 생각했던 많은 것들이 생각날 거예요. "아~ 기억나~." 이렇게요.

A : Do you recognize this melody? It's from a famous movie.
B : That refreshes my memory! Music is a good way to remember things!

A : 이 멜로디 알아? 유명한 영화 삽입곡인데.
B : 생각난다! 음악은 기억을 되살리는 좋은 방법이야!

12
맹세합니다

I swear to God!

한국에서는 '아버지 무덤에 맹세코' 혹은 '어머니 무덤 앞에서' 이런 표현들을 가끔 사용하는 것 같아요. 상대편이 뭔가 의심을 할 때, '설마 내가 거짓말을 하겠느냐, 부모님 무덤을 앞에 두고 맹세한다.' 이런 뜻으로 말이죠. 그런데 영어권에서는 부모님으로도 성이 안 차는 모양입니다. 그래서 이렇게 말한답니다. "신을 걸고 맹세해! 절대 아니야."

A : Jill, did you forget to water my plants like I asked you?

B : No! I swear to God! I watered them exactly as you told me to!

A : Jill, 내가 부탁한 대로 화분에 물 주는 걸 잊어버렸니?

B : 아니! 맹세해! 네가 말한 그대로 물을 줬어!

13
밑져야 본전!

It doesn't hurt to try!

이 표현을 사용하려면, 우선 이런 믿음을 가질 필요가 있습니다. "한번 해보는 거야, 잃을 게 없잖아?"하는 태도요. 우리는 서로서로 눈치를 보면서 살긴 하지만, 의외로 세상 사람들은 우리에게 별 관심이 없답니다. 상처받을까봐, 타인의 시선을 걱정해서 못하는 일들 중에는 사실 별것 아닌 것들이 많아요. 수업 과목을 선택하면서도 고민이 많은데, 어때요? 우선 해보는 겁니다.

A : Should I take a class on poetry?
B : It doesn't hurt to try!

A : 시 수업을 들어야 할까?
B : 밑져야 본전이지!

14

아, 이제 생각났다

It occurred to me.

중학생 무렵, 진(짜)주어-가(짜)주어라는 문법용어를 배우면서 이 표현을 열심히 외웠던 기억이 납니다. "It occurred to me that~." '이런 생각이 났어요~'하면서 It을 열심히 익히고, occur라는 동사의 사용법이 특이하다고 배웠어요. 아, 갑자기 기억이 나는군요. 음 "It occurred to me that I've learned this expression when I was young." 의도한 게 아니랍니다. 갑자기 생각이 난 것이랍니다.

A : There's smoke coming from the engine of your car. Do you think that something's wrong?

B : It occurred to me. I think I'll get it checked today.

A : 당신 차 엔진에서 연기가 나요. 뭔가 잘못된 걸까요?

B : 생각났어요. 오늘 점검 받아봐야 할 것 같아요.

15

와, 장난 아니게 어려운걸

여러분은 혹시 치과에 얽힌 재미있는 이야기 없으세요? 아팠던 기억밖에 없다고요? 그렇군요. 치아를 뽑는 건 정말 아픈 일, 어려운 일인가 봅니다. 아주 어려운 일을 이렇게 표현해보세요. "It's like pulling teeth!"

A : Have you ever tried to get your dog to take a bath?

B : Yes! It's like pulling teeth!

A : 강아지 목욕시켜본 적 있어?

B : 응! 그거 너무 어렵더라!

16

내 말에 동의하시나요?

Are you on the same page?

On the same page는 '당신도 나와 같은 페이지를 보고 있나요? 같은 내용을 이해하고 있나요?' 즉, '같은 생각인가요?'라는 표현입니다. 동의나 이해를 구하는 표현으로 agree 대신 많이 쓰입니다. 따라서 "Are you on the same page?"라고 하면 '내 말에 동의하시 나요?'라는 뜻으로 이해하면 됩니다.

- Are you on the same page?
- You feel me?
- You get it now?

"You feel me?" '너 나를 이해하고 있니?' "You get it now?" 역시 get을 '이해하다'라는 뜻 으로 사용해서 '너 알아들었니? 이해했니?'라는 의미가 됩니다.

A : Are you on the same page with me?

B : Yes, Bill. I agree with you 100percent with your plan.

A : 내 말에 동의하니?

B : 그래, Bill. 네 생각에 100퍼센트 동의해.

17

전혀 말이 안 돼

It is without rhyme or reason.

"It doesn't make sense."를 좀 더 다양하게 활용해보겠습니다. rhyme은 운율이고 reason은 이유니까 "It's is without rhyme or reason."이라면 운율도 안 맞고, 이유도 없다. 즉 이리저리 아무리 노력해도 도무지 이해가 되지 않는다는 표현이 됩니다.

- It makes little sense.
- It makes little order.
- It is unreasonable.

A : Why do you look so depressed?
B : I got my grade about the report. There were some comments that my paragraphs seemed to be without rhyme and reason.

A : 왜 그렇게 시무룩해 보이니?
B : 과제물 성적을 받았거든. 작성한 글 단락의 구성 등이 전혀 앞뒤 말이 안 된다는 내용이 적혀 있었어.

18

당신이 나와 함께 해 주신다면, 나는 할 수 있습니다

If you walk me through it, I can do it.

한 가지씩 단계별로 과정을 거친다는 표현입니다. 'walk me through'는 함께 나란히 걷는 것을 상상하시면 됩니다. 걷는 것은 뛰거나 자동차를 타는 것과는 달리 속도를 내는 것에 한계가 있습니다. 또한 through라는 전치사는 과정을 건너뛰지 않고 그대로 따라간다는 느낌을 전합니다. 보통 go through 또는 go step by step이라는 표현을 많이 사용합니다만, 이젠 시적으로 walk me through를 적절히 사용해보세요.

- Let's go through (this) together.
- Please take me through the process.
- Please go step by step through the process.

A : I'll be with you. Don't give up your study, right?

B : If you walk me through it, I can do it.

A : 내가 함께 해줄게. 절대 공부 포기하면 안 된다, 알았지?

B : 네가 나랑 함께 해준다면, 나는 할 수 있어.

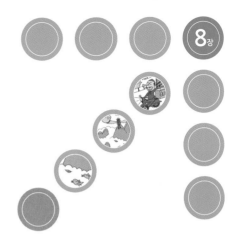

8장

Business

A : How are you doing on that project?
B : So-so. It's a pie in the sky idea. The boss told me, "Do it or else!"
A : When is it due?
B : It's due coming Thursday. The problem is that I have a full plate.
A : Let me work with you. Who knows? Maybe I can help.
B : You're the best! This project is a matter of life and death to our company!
A : You can say that again. Don't worry. I'm a team player.
B : Thanks!

A : 프로젝트는 잘 되어가요?
B : 그저-그래요. 그림의 떡! 상사가 "너 내 말 대로 안하면 큰 일 난다, 각오해!"라고 하더군요.
A : 마감이 언젠데요?
B : 마감은 목요일이예요. 문제는 내가 요즘 너무 바쁘다는 거예요.
A : 내가 같이 해줄게요. 내가 도울 수 있을지 모르잖아요.
B : 당신밖에 없어요! 우리 회사의 사활이 걸린 문제거든요!
A : 완전 동감! 당신 말이 맞아요. 걱정하지 말아요. 나는 팀 업무에 강해요!
B : 고마워요!

Business

8장은 영어로 discussion(토의)와 debate(토론)을 구분하는 방법부터 시작하겠습니다. discussion(토의)의 경우 참석자 각자가 자신의 의견을 내놓습니다. 옳고 그른 것에 대한 판단이나 찬반 보다는 다양한 의견을 내고 수렴하는 것을 목표로 합니다. 그러나 debate(토론)은 다릅니다. 양 측의 입장차이가 있다는 것을 기본전제로 해서 주장이 팽팽히 맞서는 것이 정상적이고 그러므로 내 의견에 대한 반대의사는 당연히 존재합니다. 나와는 다른 생각을 각자의 믿음에 따라 옳고 그르다고 판단하고, 논리적으로 장점을 극대화하고 상대방의 단점을 부각시키는 등, 논리전과 심리전이 동반됩니다.

문제는 debate(토론)이 끝난 후의 이야기입니다. 논리싸움이지 감정싸움이 아닌 것을 머리로 잘 알고 있음에도 불구하고, 한국사람들은 영·미권 사람들에 비해 상대편에게 미운 감정을 갖는다고 합니다. 각각의 사안에 대하여 반대한 것임에도 불구하고 나를 반대했다고 여긴다는 겁니다. 그 영향도 물론 더 오래간다고 해요.

그래서 비즈니스가 어렵다는 겁니다. 각자의 이익이 첨예하게 대립하는 순간에 감정에 휘둘리지 말고 debate할 수 있는 능력을 기르세요. 비즈니스 101입니다. 물론 상처받지 않는 연습도 함께하세요!

1

내 말대로 안하면 너 큰일 난다, 각오해!

Do it or else!

아예 이런 말을 하거나 들을 일이 없으면 참 좋을 텐데, 그게 쉽지가 않습니다. "명령어 + or else"는 '~해, 안 하면 큰일 난다'고 하는 협박에 가까워요. 회사나 군대, 기업체 등 명령/복종 체제가 있는 곳이라면 어디서나 들을 수 있는 말입니다. "Forget it or else!" "Rewrite it or else!" "Wash it or else!" 그리고 보면, 부모님들은 이 말을 많이 할 수밖에 없겠군요.

A : What did you mother say about cleaning your room?
B : She told me: Do it or else!

A : 네 방 청소하는 것에 대해 어머니는 뭐라고 하셨니?
B : 엄마가 "**(청소)** 안 하면 가만두지 않겠어!"라고 하셨지.

2

너밖에 없어!

You're the best!

정말 소중한 친구에게 '너 없으면 안 된다'는 의미로 "네가 최고"라고 할 때, 영어로는 이렇게 표현합니다. 물론 연인관계에서도 "You're the best!" "You're the one!" 이렇게 말할 수 있겠죠.

청소년기에는 흔히 부모보다 더 소중한 것이 친구죠. 친구는 무엇보다 내가 기뻐할 때 기뻐하고, 슬퍼할 때 슬퍼하는 사람입니다. 그래서 경쟁이나 질투보다는 신뢰나 이해 이런 것들이 정말 친구를 정의할 수 있는 어휘입니다. 살다보면 정말 이성의 사랑보다 동성의 우정이 더 필요한 순간이 있답니다. 사회에서도 마찬가지입니다. 정말 힘든 순간 함께할 동료가 있어서 성공하고, 진급하고, 출세하는 거죠. 그런 친구가 있다면 문자로 아니면 전화를 해서 꼭 전해주세요. "You're the best!"

A : I bought you two tickets to the concert you wanted to see.
B : Really? Great! You're the best!

A : 네가 보고 싶어했던 콘서트 티켓을 두 장 샀어.
B : 정말? 굉장해! 너밖에 없다!

3

내가 도울 수 있을지 모르잖아

Who knows? Maybe I can help!

영어를 공부하는 동안 혹은 영어를 전공하고 있다면 주변에 '영어를 공부하고 있다'고 밝히는 것이 좋습니다. 영어에 대한 질문을 받으면서 이것저것 찾아보게 되고, 그러면서 배우는 양이 상당하거든요. 길고 짧은 건 대봐야 알고, 백지장도 맞들면 더 가볍게 느껴진답니다. 동료는 어쩌면 가족보다 더 많은 시간을 함께 보내는 소중한 사람들일지도 몰라요. 혼쾌히 할 수 있는 일은 함께 하는 겁니다. "그래, 누가 알겠어? 내가 도울 수 있을지도 모르잖아!"

A : I know you said you're bad at math, but do you mind looking at my math homework?
B : OK. Who knows? Maybe I can help!

A : 너 수학 못하는 것 알지만, 내 수학숙제 좀 봐주지 않을래?
B : 좋아. 누가 아나? 어쩌면 내가 도울 수 있을지!

4
이야기 계속해봐

moving on!

'move on'의 뜻을 두 가지로 알아보겠습니다. 첫 번째는 이야기를 계속하라는 뜻입니다. '다음은?'이라고 할 때는 'moving on!' 뿐만 아니라 'continuing on' 'moving along' 혹은 아주 쉽게 'next'라고 해도 좋습니다. 그런데 교통경찰관이 "Move on!"이라고 했다면 무슨 뜻일까요? 그렇죠. 서 있지 말고 가라는 뜻이 되겠습니다.

'move on'의 두 번째 뜻은 다음 단계로 나아가라는 뜻입니다. 남녀 관계에서 이혼, 사별 혹은 친구랑 헤어졌거나 회사일 등의 여러 가지 힘든 일을 겪고 있을 때 어느 정도 시간이 흐른 뒤 극복하고 나아가라고 하는 것이 좋은 예가 되겠습니다.

● Please forget about James. It's time to move on. It's better for you, Shannon.
제임스를 잊고 용서해. 이제 잊을 때도 됐잖아. 다 너를 위한 거야, 섀넌.

● Let's move on to the next level!
다음 단계로 나아가자고!

A : ...and then she began talking about her boyfriend again for the
fifth time last night.

B : Oh, man! Anyway... moving on!

A : ⋯⋯그리고 글쎄 걔가 어젯밤에 남자친구 얘기를 또 시작했어. 5번째야.

B : 아, 제발! 아무튼 ⋯⋯ 계속 얘기해봐!

5
완전 동감! 네 말이 맞아

You can say that again!

"당신은 어쩜 내가 하고 싶은 말을 그렇게 꼭 집어서 말해요?" "내 말이 바로 그 말이에요." 이렇게 반응해주세요. 일반적으로 사람들은 말을 잘하는 사람보다 자신의 말을 잘 들어주는 사람에게 더 호감을 갖는답니다. 잘 듣는 방법을 알아보자면, 그렇죠, 호응과 공감입니다. 듣고 있다는 것을, 말하고 있는 당신이 옳다는 것을 눈으로, 입으로, 얼굴 표정과 추임새로 끊임없이 전달해야 하지요. 늘 즐겁게 연습했다가 적절하게 사용해주세요. 비슷한 표현도 같이요. "You can say that again!"

- I'm with you.
- I totally agree.

A : I think she's weird.
B : You can say that again!

A : 그 여자애 이상한 것 같아.
B : 내 말이!

6
그 프로젝트 잘 되어가나요?

How are you doing on that project?

우리는 안부인사로 "How are you doing?"을 자주 사용합니다. 바로 그 뒤에 'on this/ that project'만 덧붙여서 유용한 표현을 만들었습니다. 그 계획안이 잘 진행되고 있는지 묻는 표현이죠.

아예 주어를 '계획'으로 가져가는 표현도 생각해볼까요?

● How is this project going?
  이 계획은 잘 진행되고 있나요?

A : How are you doing on that project?
B : Pretty well.

A : 그 프로젝트 어떻게 되고 있어?
B : 꽤 잘 되고 있어.

7

나는 팀 업무에 강해요

I'm a team player.

이번 표현은 "I'm a team player."입니다. '나는 팀플레이어야.' 즉, '나는 팀 운동을 하는 사람이야'죠. 팀 운동은 어떤가요? 혼자 하지 않고 다른 사람들과 함께하죠? 그래서 '나는 우리를 중시해.' '저는 여럿이 하는 작업에 능합니다'라는 의미가 됩니다.

개인적인 것과 이기적인 것은 매우 다릅니다. Individual한 것은 사실 굉장히 긍정적인 것으로, 자신의 시공간을 지키기 위해 그만큼 혹은 그 이상 타인의 시공간을 배려한다는 것을 전제로 합니다. 그러나 selfish한 것은 타인에 대한 배려 없이 모든 것을 자기만을 위해 생각하고 행동하는 것이니 배타적이지요. 혼자서는 살아갈 수 없는 '사회'에 살고 있기 때문에 그만큼 team으로 일하는 기회가 많습니다. 자신의 일을 남에게 미루지 않고, 서로서로 도와간다면 최상이겠죠?

● I run a very tight ship at this company, but I am also a team player.
   And we're all on the same team!
   내가 지금 회사를 완전히 장악하고 있긴 하지만, 그래도 난 역시 '우리'를 중시하는
   사람입니다. 우리 모두는 같은 팀이잖아요!

A : I hope you hire me. I'm a team player.

B : That's good because we really need people who work well together.

A : 저를 채용해주세요. 저는 팀 업무에 강해요.

B : 그거 잘됐네요. 우리는 공동 작업을 잘하는 사람이 필요해요.

8
그림의 떡!

It's a pie in the sky.

아시는 분은 아시는데, 저는 빵순이가 아니고 떡순이입니다. 떡집 지나치는 것이 빵집 지나가는 것보다 두 배 이상 어렵습니다. 저 말고도 그런 사람이 우리나라에 많았던 모양입니다. 그러니까 '그림의 떡!'이란 표현이 있었겠지요. 현실이 아니라 그림 속에 그려져 있으니 '내 것'이라고 할 수 없는 것, 그래서 더 갖고 싶은 것! 그런데 '하늘 위에 있는 파이'라니요. 영어로 rice cake라고 하면 그렇게 탐나는 것이 아닌 모양입니다. 하늘에 구름처럼 떠 있는 파이 정도는 되어야 고소한 향으로 사람들을 유혹하는 것 같아요.

40대 부자로 은퇴하는 것……. 글쎄요, 여러분은 "It's a pie in the sky."할 만한 것으로는 어떤 것이 있으세요?

A : What do you think of my plan to retire rich at age 40?

B : It's a pie in the sky idea. I don't think it's going to work.

A : 마흔 살에 부자로 은퇴하겠다는 내 생각이 어떤 것 같니?

B : 그림의 떡이야. 그렇게 될 것 같지 않아.

9

나 요즘 너무 바빠요

I have a full plate.

쉽게 "I'm really busy."나 "I'm so packed."라고 하면 바쁘다는 표현이 됩니다. 그러나 Real & Live를 통해 좀 더 생생한 구어적 표현을 익혀보세요.

plate는 음식을 담는 접시라는 뜻입니다. 그럼 왜 '먹을 것이 가득한 접시를 갖고 있다'는 표현이 '너무 바쁘다'가 됐을까요? 한 접시에 이것저것 잔뜩 올려져 있고, 여러분은 그 접시 위에 놓여 있는 다양한 음식을 먹어야 해요. 그래요, 그러니까 결국 바쁘다는 겁니다. 얼마만큼? 아주 많이!

A : Mary, do you think you can babysit my son tomorrow night?
B : I'm sorry Elizabeth, but I have a full plate tomorrow night.
Maybe some other time.

A : 메리, 내일 밤 우리 아들 좀 봐줄 수 있을까요?
B : 죄송합니다, 엘리자베스. 내일 밤은 좀 바쁠 것 같아요. 다음에 도와드리죠.

A : Can you come out on Thursday?

B : Gee, I don't know. I have a full plate. Maybe next week?

A : 목요일에 나올 수 있어?

B : 이런, 잘 모르겠어. 너무 바빠. 다음 주는 어때?

10
우리 회사의 사활이 걸린 문제라구요

It's a matter of life and death to our company!

사활, 즉 죽고 사는 것이 달려 있다는 건데, 전 세계 어디나 비슷한 표현을 쓰는군요. "a matter of life and death." '이건 죽고 사는 문제입니다' 그렇죠?

미국 온라인 비즈니스 미디어인 'Fast Company'(패스트 컴퍼니)에서 발표한 'The World's Most Innovative Companies 2014(2014년 세계의 혁신기업 50곳)'를 통해 몇 가지를 이야기해봅니다.

2014년 전 세계에서 가장 혁신적인 회사로 꼽힌 기업은 '구글(Google)'로 16년의 짧은 회사 역사를 감안한다면, 2008년에 이어 벌써 두 번째로 1위를 차지했다는 점이 참 놀랍습니다. 구글이 1위를 한 가장 중요한 이유는 강점인 인터넷 검색과 안드로이드, IT 분야를 넘어 인간의 수명 연장을 연구하는 기업이나 무인주행에 성공한 자동차, 인간형 로봇 개발 등 자사는 물론 사회를 새롭게 변화시켰다는 점이 꼽혔습니다(영어 원문에는 말 그대로 life changing이라는 표현이 나온답니다).

A : How important is maintaining the lead in microchip technology for
your company?

B : It's a matter of life and death to our company!

A : 귀사는 마이크로칩 기술의 선두를 유지하는 것이 얼마나 중요합니까?

B : 우리 회사의 사활이 걸린 문제입니다!

11

(일을) 잘 처리하고 있습니다

I'm on top of it.

자신이 꼭대기, 즉 최고에 있다는 말이니까 잘 처리하고 있다는 뜻이 됩니다.

● It's in good hands.

'내 손, 특히 업무를 잘 수행하는 손 안에 있습니다'라는 뜻이니까 '그것만큼은 내가 최고죠'라고 해석할 수 있습니다. 최고가 관리하고 있다, 그러니까 '일이나 계획들이 잘 처리되고 있다, 안심하셔도 된다'는 표현이 됩니다. 다른 표현들도 알아볼까요?

● Don't worry. I didn't drop the ball.

'걱정하지 마세요, 그 공 안 떨어뜨렸잖아요'입니다. 일을 손에 쥐고 있는 공에 비유한 것인데, 바닥에 떨어뜨리지 않고 잘 들고 있다, 공이 제자리에 있다, 결국 업무가 아무런 무리 없이 잘 진행되고 있다는 뜻으로 해석하시면 됩니다.

A : How are you handling the project as a manager?
B : I'm on top of it. I know every little detail.

A : 매니저로서 그 프로젝트를 어떻게 처리하고 있나요?
B : 잘 처리하고 있습니다. 저는 세세한 것까지 모두 알고 있답니다.

12

이번 주 목요일이 마감이랍니다

It's due this coming Thursday.

일에서 제일 중요한 것 가운데 하나는 시간 약속, 즉 마감이죠. 마감일은 영어로 'due date'인데, 'due'란 마땅한 권리, 지급기일, 당연한 대가, 예정 등 다양한 상황에서 사용됩니다. 예문도 같이 익혀두세요.

- The bill is due next month.

  이 어음은 다음 달 만기입니다.

- Professor Park is due to speak here at the conference center.

  박 교수님은 이곳 학술대회장에서 강연을 하실 예정입니다.

- The KTX is due in Busan at 6:00 P.M.

  KTX는 오후 6시 부산 도착 예정입니다.

A : When is the paper due?

B : It's due this coming Thursday.

A : 그 과제 언제까지야?

B : 이번 주 목요일까지야.

13

난 꼭 사업가로 성공할 거야

I'll make it as a businessman no matter what it takes.

모르는 단어는 하나도 없죠? make, matter, take 모두 유용한 단어이고 너무도 다양한 뜻으로 활용되는 어휘입니다. "I'll make it!"하면 '할 거야!'죠? "no matter what"은 '어떤 방식으로든, 어떤 일이 있어도'라고 쓸 수 있습니다.

이런 마음가짐이면 성공할 수 있습니다. 여러분이 성취하고 싶은 직업을 businessman 자리에다 넣어보세요. 그리고 큰 소리로 외쳐보세요. "나는 ~로 꼭 성공할 거야!"

- I'll make it as a singer no matter what it takes.

  난 가수로 꼭 성공할 거야.

- I'll make it as a farmer no matter what it takes.

  농부로 꼭 성공하겠습니다.

A : Do you think you have the will to become a successful businessman?

B : I'll make it as a businessman no matter what it takes.

A : 당신은 성공적인 사업가가 될 의지가 있다고 생각합니까?

B : 저는 무슨 일이 있어도 사업가로 성공할 겁니다.

14
밑져야 본전이지, 잃을 것도 없잖아!

I've got nothing to lose.

"Enjoy the every moment in your life" "Carpe Diem" 모두 '지금'을 충실하게 살라는 표현입니다.

네 여자의 다양한 사랑을 이야기한 미국 드라마 〈Lipstick Jungle〉의 한 장면에서 남자가 울고 있는 여자에게 "당신의 이야기는 모두 과거 시제로군요. 현재 시제에 좀 더 관심을 가지세요"라며 위로하는 대사를 듣고 '아~'하고 한동안 멍하게 있었어요. 우리가 얼마나 자주 past tense를 사용하면서 후회를 하고, 떨치지 못한 미련에 괴로워하는지 단박에 알 수 있잖아요.

지금 이 순간을 사는 여러분의 대사에는 좀 더 많은 present tense가 있어야 합니다. 앞으로 현재 시제를 쓰기로 우리 서로에게 약속!

- What do you have to lose?

  뭐 잃을 것 같은데?

- You have nothing to lose.

  넌 잃을 게 없다구.

- It can't hurt to ask.

  물어봐도 좋을 것 같은데?

- Why not?

  왜 안 되는데?

- Worth giving a shot.

  한번 해봐.

15

꽝이야!

Go bust!

한국어로도 '실패했다'는 것과 '꽝'이라는 느낌이 좀 다르지요? go bust는 fail했다는 뜻입니다. 좀 더 쉽게 말하자면 타이어가 펑크가 나거나 풍선이 터지는 것을 상상하시면 돼요.

● Is there any possibility that things might go bust?

일이 실패할 가능성이 있습니까?

5장에 나온 "That's terrible!"보다 좀 더 살아있는 표현처럼 느껴지죠?

또 하나 해봅시다. 남쪽으로 가는 것이 왜 실패를 뜻하게 되었는지는 설이 분분합니다만, 어쨌든 실패한다는 뜻이며, 최악의 상황이 된다는 것, 면전에서 폭발이 일어나거나 (explode in one's face), 뒤집어진다는 것을 뜻합니다. 결국은 다 '꽝이다'라는 것입니다. 이해하실 수 있죠?

- It goes South.

  꽝이야.

- It takes a turn for the worst.

  최악의 경우로 가는군.

- It exploded in her face.

  그녀에게 최악의 사태가 되었지.

- It flops.

  뒤집어졌어.

A : If he fails to get this deal, his company would go bust.

B : Wow, that must be really stressful.

A : 만약 그가 이번 거래를 성사 시키지 못하면, 그 회사는 파산할 거야.

B : 와, 정말 스트레스겠다.

16

가는 중입니다

I'm on my way.

기다리는 사람은 늘 기다리고 늦는 사람은 늘 늦고 그렇죠? 체질에 따라서도 그렇다는데, 시간을 지키는 것은 누구에게나 매우 중요한 것 같아요. 시간을 잘 지킵시다. 시간은 돈으로도 살 수 없으니까요.

A : Britney, where are you?

B : Sorry. I'm on my way. I didn't know that there would be such a traffic jam.

A : 브리트니, 어디니?

B : 미안해, 가고 있는 중이야. 이렇게 차가 막힐 줄 몰랐어.

17
상관하지 마세요

NOYB(None Of Your Business)

구어보다는 문어적인 표현, 즉 글을 쓸 때 많이 사용합니다. 말로 "It's none of your business."라고 하면 친한 사이에서는 이해를 하지만 서먹한 관계라면 무례하다고 느낄 수 있거든요. 상황에 따라 적절히 수위를 조절하면서 '개인적인 부분이니 더 이상 묻지 말라'고 표현해주세요.

A : What projects are you working on this year?
B : Actually, that's NOYB!

A : 올해에는 어떤 프로젝트를 하십니까?
B : 그건 당신과는 상관없잖아요!

18
모든 것을 걸었어요

I have all my eggs in one basket.

사업을 하면서 절대 해서는 안 된다고 하는 일. 바구니에 자신이 갖고 있는 달걀을 모두다 넣는 거죠. 한번 가정해봅시다. 혹시 바구니를 떨어뜨리면 몽땅 깨지겠지요? 그래서 나온 표현입니다. 자신이 가진 모든 것을 한방에 거는 것을 말합니다. 한꺼번에 모든 위험을 감수하는 것보다는 가능하다면 위험을 여러 곳에 분산시키는 것이 좋을 것이라는 권고인 거죠. 속담처럼 많이 사용하는 표현도 함께 알아보겠습니다.

● Don't put all your eggs in one basket. 위험을 분산시키세요.

● He put all his eggs in one basket. 그는 이 사업에 모든 것을 걸었습니다.

● They brought their eggs to a bad market. 그들의 계획과 예상이 빗나갔어요.

A : I have to pass the test this time. I have all my eggs in one basket.

B : Just don't panic. Good luck!

A : 이번엔 꼭 합격해야 해. 난 여기에 모든 걸 걸었어.

B : 당황하지만 마. 행운을 빌어!

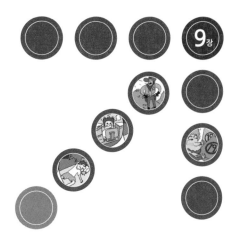

9장

Money

A : You look tired.

B : I couldn't sleep a wink last night.

A : Everyone has one of those days. **What did you do?**

B : I was at home staring at the wall. I was up till 3:30ish? 4ish?

A : Wow. Maybe you should buy a new waterbed. It will help you sleep better.

B : I wish I could. But it costs an arm and a leg.

A : Yes, it's very expensive. But you could go to a used one at a flea market.
    I had to scrounge around to find some of the furniture **for my house.**

B : Yeah, it's cheaper. But it's still going to cost money. There's no free lunch in this world!

A : 너 피곤해 보인다.

B : 어제 한숨도 못 잤어.

A : 하루 하루 매일이 똑같아. 지겨워. 넌 뭐했는데?

B : 집에서 벽만 보고 있었지 뭐. 3시 반쯤인가 4시쯤까지 자지 않고 깨어 있었어.

A : 와우. 너 새로운 물침대를 사야겠구나. 그게 네가 잠을 잘 잘 수 있도록 도와줄거야.

B : 나도 그러고 싶지만 비싸.

A : 응. 그건 비싸. 하지만 벼룩시장에가서 중고를 찾아봐. 난 내 집에 놓을 가구 찾으러 여기저기 다녔거든.

B : 응, 그게 싸지. 하지만 그래도 돈을 지불해야 할 거야. 세상에 공짜는 없어.

Money

사랑, 정의, 평등, 자유, 독립 등의 다양한 가치를 추구하기 위해서 필요한 것이 재력입니다. 사랑을 보여주기 위해 꽃을 산다, 반지를 산다 할 때 혹은 기부나 헌금, 시주 등을 할 때 이는 쉽게 말해 자신을 위해 사용할 수 있는 돈을 타인이나 다른 단체를 위해 사용하는 겁니다. 극단적으로 말하면 내 돈은 타인의 기쁨을 위해 사용되었고 나는 거기서 돈으로 행복을 산 셈일 수도 있죠.

부모의 상속이 자식마다 다를 때 자식들은 부모가 차별했다고 생각해요. 덜 사랑한다고 믿죠. 경제력이 있는 사람은 결혼이나 이혼, 사랑 혹은 사람을 선택하는 데서도 더 자유로울 확률이 높습니다. 그리고 사실 우린 목숨 걸고 일하잖아요. 그렇죠? 호호호. 그리고 그 댓가로 돈을 법니다.

사랑은 표현해야 안다고 하잖아요. 그리고 우리는 사랑을 확인시켜주는 방법으로 선물을 합니다. 영화〈화양연화〉에서 남주인공 차우와 여주인공 수리첸은 자신들만이 선물받았다고 생각했던 넥타이와 핸드백을 각자의 배우자가 갖고 있는 것을 확인하고 그 둘의 외도를 확신하게 됩니다. 선물이 사랑의 방향을 알려준 거죠. 에고…… 좀 극단적인 예가 되어버린 것 같네요. ㅎㅎ 양조위에 대한 애정으로 넘어가 주세요.

1
세상에 공짜는 없어요
There is no free lunch (in our world!).

영어도 공짜로 잘할 수 없습니다. 영어 잘하는 사람을 살펴보면, 언젠가 과거 어느 때 우리가 상상하는 것보다 더 많은 대가, 즉 시간이나 돈, 땀을 흘리고 이루었다고 생각하면 됩니다. 이게 삶의 진리예요.

A : Billy really had to work hard to earn money for school.
   He worked two different jobs at the same time!
B : Yeah, but there was no other choice. There is no free lunch.

A : Billy는 학비 때문에 정말 열심히 일해야 했지. 동시에 두 가지 일을 했거든!
A : 그래, 하지만 다른 방법이 없었잖아. 세상에 공짜가 어디 있어.

2
그의 할아버지가 갑부라던데?

He has a loaded grandfather.

"I'm loaded. Didn't you know that?"(나 부자잖아, 몰랐어?)

여러분에게 누군가 농담이 아니라 진짜로 이렇게 말하면 어떨까요? 예전에 우스갯소리처럼 '할아버지의 재력, 엄마의 정보력, 아빠의 무관심이 자녀의 성공을 이끈다' 이런 말이 있었죠? '총알이 많다는 건 돈이 많다는 것이라는 비슷한 표현을 우리말로도 들어봤는데, 영어를 직역한 번역 표현이 아닐까 싶네요.

A : Oh my goodness! How come he's borrowing money all the time if he's got a loaded granddaddy?

B : I cannot agree with you more!

A : 정말? 그렇게 할아버지가 부자라면서 왜 만날 돈을 꾸러 다니는 거래?

B : 내 말이 그 말이야.

A : Billy just bought a new sports car? Where did he get the money?

B : He has a loaded grandfather. Lucky guy!

A : Billy가 새 스포츠카를 샀어? 돈이 어디서 났지?

B : 걔네 할아버지가 갑부래. 행운아지!

3

역시 결론은 돈이란 말이지

It's all about Dead Presidents.

각국의 지폐를 살펴보면 그 나라의 역사와 중요한 인물들을 알 수 있습니다. 우리나라의 화폐에는 퇴계 이황, 율곡 이이, 세종대왕 그리고 신사임당 등이 그려져 있는데, 대통령이나 왕족의 초상화가 그려져 있는 국가도 많이 있습니다. 영국의 경우에는 모든 지폐 앞면에 현 엘리자베스 2세 여왕을 넣고 뒷면에는 역사적으로 중요한 인물들의 초상화를 주기적으로 바꿔 싣습니다.

미국의 달러는 예외도 있긴 하지만 기본적으로 초대 조지 워싱턴(George Washington), 16대 에이브러햄 링컨(Abraham Lincoln) 등 전직 대통령의 초상화가 새겨져 있습니다. 그러다 보니 '전직 대통령'이라는 표현이 구어적으로 돈을 뜻하게 된 거죠.

- It's all about money in this world.

  이 세상에선 돈이 다야.

- Is that it?

  이게 다예요?

A : I don't go for Dead Presidents, aka(also known as) money.

B : Yeh? I just go for the hundreds because Benjamin Franklin was never a President.

A : 난 전직 대통령들 즉, 돈을 별로 좋아하지 않아.

B : 그래? 난 벤저민 프랭클린이 대통령이 아니었으니까, 100달러짜리를 완전 좋아한다고 해야지.[2]

---

2) 미국의 100달러 지폐에는 미국의 건국 영웅 중 한 명인 벤저민 프랭클린의 초상화가 그려져 있는데, 벤저민 프랭클린은 대통령이 아니었다. 10달러에도 초대 재무장관 알렉산더 해밀턴(Alexander Hamilton)의 초상화가 새겨져 있다.

4

벽만 보고 있었지 뭐(시체놀이)

I was at home staring at the wall.

점잖게 표현하면 '집에서 아무것도 안 하고 가만히 있었다'라고 해도 됩니다.

- I was at home staring at the wall.(stare at: 쳐다보다)

  벽만 보고 있었지 뭐.
- I am sitting on my butt all day.

  하루종일 멍하게 앉아만 있었어.

Real & Live니까 좀 더 구어적으로 해볼까요? 혹시 '시체놀이'란 말 들어보셨나요? '시체놀이'란 아무것도 안 하고 가만히 있는 거랍니다. 흔히 '멍때리다'라고도 하는데, 이걸 영어로 표현해볼게요.

- Brad is spacing out.

  브래드는 멍해.(외계인과 접선 중이야.)
- Nasa, we lost him.

  완전 딴청 중.(그애 완전 딴 생각 중이야.)

어떠셨나요? 재미있었나요?

A : Hi Billy, this is Phil. Are you free to talk?

B : Hi Phil. Sure. I was at home staring at the wall. What's up?

A : 안녕 Billy, 나는 Phil이야. 얘기 좀 할 수 있니?

B : 안녕 Phil. 그럼. 집에서 빈둥대고 있었거든. 무슨 일이야?

5

쉽게 얻은 것은 잃기도 쉬워

Easy come, easy go!

돈에 관련된 주제는 왜 이렇게 가슴에 팍팍 와 닿는 걸까요? 호호호. 쉽진 않지만, 자신이 노력해서 돈을 벌어봐야 잘 쓸 수 있어요. 복권에 당첨되어 일확천금을 받았지만 행복하게 살지 못하고 노숙자가 되어버린 예는 미국이든 한국이든 심심치 않게 볼 수 있습니다. 바로 이거예요. "Easy come, easy go!"

● Dan, I suggest you should stay within your budget!
　대니얼, 난 네가 (주어진) 예산 안에서 돈을 사용해야 한다고 생각한다!

A : Ah, I lost my entire salary bonus at the race track!
B : Easy come, easy go! **That's too bad.**

A : 아, 보너스로 받은 걸 경마에서 몽땅 탕진했어!
B : 쉽게 벌면, 쉽게 쓰는 법이지! **너무 안됐다.**

6

파티에 좀 (일부러) 늦었어요

(I'm) fashionably late.

중요한 사람일수록 약속장소에 늦게 나타난다? 늘 사실이라고 할 수는 없지만 파티의 경우는 그럴 수도 있습니다. 일과 관련된 회의라면 늦을 일이 없지만, 놀고 즐기기 위한 편안한 파티 자리에 약속시간에 딱 맞추어 나타나는 것은 좀 그렇잖아요.

중요한 사람일수록 파티에 늦게 나타난다는 매우 구어적인 표현이 'fashionably late'입니다. 그냥 늦은 것이 아니라 대놓고 '멋지게, 보란 듯이 늦게 왔다' 정도의 뜻이죠. 물론 여러분도 살짝 애교로 사용하셔도 됩니다. 아주 친한 친구들과의 자리에 늦은 경우라면요.

A : Shouldn't we wait for Steve to come before we enter the theater?

B : Let's just go in. He's always fashionably late. Otherwise we'll miss the movie.

A : Steve가 올 때까지 극장에 들어가지 말고 기다려야 하는 거 아닐까?

B : 그냥 들어가자. 걔는 항상 일부러 늦잖아. 안 그러면 영화를 놓칠 거야.

7

하루하루 매일이 똑같아. 지겨워

Every day is one of those days.

빠른 세월을 잡기 위해 매일 매일 다르게 살아보자고 했지만 사실은 매일 같은 날을 사는 것도 행복한 일입니다. 종교에서는 숨을 쉬고 사는 것만으로도 감사하라고 하잖아요. 오죽하면 "No news is good news." '무소식이 희소식!'이라는 표현이 나왔겠습니까? 아무런 소식이 들려오지 않으면 나쁜 일이 일어나지 않은 것이니 괜찮다는 거니까 머리로는 "Every day is one of those days!" '하루 하루 똑같아'라는 표현을 알아두시고, 마음으로는 '감사합니다' 하세요.

A : Ever have one of those days when you get up and your body is sore and aching?

B : Get used to it! Every day is one of those days!

A : 자고 일어났는데 몸이 쑤시거나 아팠던 날이 한 번이라도 있었니?

B : 이젠 익숙해! 하루하루가 그날의 연속이야!

8

사는 게 다 그렇지 뭐

Such is life!

"이 또한 지나가리라"하는 모토로 사는 사람이 있습니다. 한 사람을 두고도 '인생사를 쓰자'면 책 몇 권의 분량이 나올걸요? 우리 모두는 그 어떤 영화도 따라올 수 없는, 한마디로 극본 없는 한 편의 드라마를 찍으면서 사는 거지요. 그래도 남들 드라마에 끼워진 인생이 아니고 자기가 주인공인 드라마를 찍고 사는 것이라면 괜찮아요. 사는 게 다 그렇다고 하니까요.

A : Have you ever been in love?

B : Yes, many times! But I lost them all! Such is life!

A : 사랑해본 적 있어?

B : 응, 아주 많아! 하지만 모두 떠났지! 사는 게 다 그렇지 뭐!

9

세월이 정말 빠르군

Time flies! How time flies!

어른들은 나이 먹은 만큼의 속도로 세월이 흐른다는 말씀들을 많이 하십니다. 그러니 30대는 10대보다 세월이 세 배 빠르다고 느끼고, 60대는 그런 30대보다 2배 이상 시간이 빨리 흐른다고 생각하는 거지요.

사실 심리학적으로 분석해보면 10대, 20대만 해도 순간순간을 살고, 그 순간을 기억할 수 있기 때문에 추억할 수 있는 분량만큼 시간이 천천히 흐른다고 생각한답니다. 반면에 나이를 먹을수록 이렇게 저렇게 많은 것들을 잊어버리죠? 그러니까 기억나는 것이 없고 추억할 것이 적어지니까 1년 전이나 어제나 같아서 훌쩍 세월이 흐른 것 같다는 거예요. 그럼 무슨 방법이 없을까요? 가능하다면 매일 매일 다르게 뭔가 추억할 '거리'를 만들면서 사는 거랍니다. 답은 쉬운데, 문제는 실천을 할 수 있느냐 하는 거죠. 음…….

A : Did you know that Jeff's son Billy is now in high school?

B : How time flies! It seems like just yesterday he was wearing diapers.

A : Jeff의 아들 Billy가 벌써 고등학생이 되었다는 걸 알았니?

B : 세월 참 빠르다! 걔가 기저귀를 차던 때가 엊그제 같은데 말이야.

10

어제 한숨도 못 잤어

I couldn't sleep a wink last night.

wink는 말 그대로 눈 깜박할 만큼인데, 그만큼도 못 잤다고 하네요. 그러니까 '한숨도 못 잤다'는 아주 적절한 표현이 되었습니다.

어떤 신호를 주기 위해 한쪽 눈만 깜빡하는 경우가 있지요. 이런 경우도 wink를 사용하고, 반짝이는 물건에도 동사로 사용할 수 있습니다. 같이 볼까요?

- He winks at all the girls. He is such a womanizer.

  그애는 모든 여자들한테 윙크를 해. 너무 여자를 좋아해.

- Christmas trees at the department store are winking with colored lights.

  백화점에 있는 크리스마스 트리가 다양한 색 전구와 함께 반짝거립니다.

A : Gee Ben, you look really tired.

B : Yeah, I couldn't sleep a wink last night. I was worrying about a family problem.

A : 이런 Ben, 너 정말 피곤해 보여.

B : 응, 어제 한숨도 못 잤어. 가족 문제로 걱정하느라.

11

3시 반쯤 아니면 4시쯤?

3:30ish? 4ish?

만나는 시간이 늘 3시, 4시 이렇게 딱 떨어지지는 않습니다. 그러니까 많은 사람들이 3시 반쯤, 아니면 4시쯤이라고 얘기를 하는 거죠. '대충 그때 정도'를 영어로는 어떻게 표현할까요? 아주 쉽습니다. 시간이나 상황, 숫자 뒤에 ish를 넣으면 한국어의 '~즈음'이라는 표현이 됩니다. '좀 비싼 듯한데?'라는 표현도 "expensivish?"라고 하면 돼죠.

- Let's meet at 12:30ish.

  12시 반 정도에 만나 뵙는 걸로 하지요.

- How about meeting at 6ish?

  6시쯤은 어떨까?

- I'll try to stop by around noonish.

  정오쯤 들러보도록 할게.

만약 12시 정각도 부족해서 절대 서로 늦지 않고 정확한 바로 그 시간에 만나자고 한다면 뒤에 'sharp'라는 표현을 넣으면 됩니다.

- 3 o'clock, sharp, ok?

  3시 정각이야, 알았지?

- Let's meet at noon, sharp!

  12시 정각에 만나는 거야. 약속 늦지 마!

A : Do you know when Mr. Bush will arrive at his office?

B : I'm not sure. 3:30ish? 4ish?

A : Bush 씨가 사무실에 언제 도착하는지 아시나요?

B : 확실하지 않아요. 3시 반쯤? 4시쯤?

12

가구 찾으러 여기저기 다녔어요

I had to scrounge around to find some of the furniture.

보통 무엇인가 찾으러 다니는 것은 look for, find, look around 같은 표현을 많이 사용하잖아요. 여기서는 그런 뻔한 표현 말고 좀 더 생생한 표현들을 알아보겠습니다.

- hunt around (all over)
- poke around a bit
- do a little searching

A : Your house looks great! Where did you get all this great furniture?

B : At a local flea market. I had to scrounge around to find some of the furniture.

A : 집 근사하다! 이런 멋진 가구를 어디에서 구했어?

B : 벼룩시장에서. 몇 개는 여기저기 찾아 다녀야 했어.

13

나도 알 건 다 알아요

I wasn't born yesterday.

재미있는 건 이런 표현을 충분히 할 만한 연령에
선 별로 사용할 일이 없고, 어린애나 청소년들이
많이 사용한단 말이죠. "전 어린애가 아니에요,
어제 태어난 게 아니라구요!"하면서요.

어른들은 이 표현을 주로 다툼의 상황에서 '속아
넘어갈 만큼 어리숙하지 않아'하는 정도의 느낌을 전달하기 위해 사용합니다.

A : I didn't make the dent in her car. Swear to God!

B : James, you can't expect your wife to believe what you're saying.
She wasn't born yesterday.

A : 내가 그녀의 자동차에 흠집을 낸 게 아니란 말야. 맹세해!

B : 제임스, 아내가 네 말을 믿을 거라고 기대할 수 없어. 그녀도 알 건 다 안다고.

14

진짜 비싸요

It costs an arm and a leg.

"진짜 비싸요"를 가장 쉽게 표현하자면 "It's very expensive."하면 됩니다. 그런데 훨씬 더 흥미로운 표현이 있답니다. "It's an arm and a leg." 직역하면 '팔 하나, 다리 하나 값어치다'가 되겠네요. 비용으로 팔 하나, 다리 하나를 지불했다니, 얼마나 비싼지 감이 오죠?

좀 심하다 싶을 때는 '100만 불짜리 각선미 보험에 드셨군요' 정도라고 생각하세요. 그러면 "It's an arm and a leg."를 '비싸군요'로 잘 해석할 수 있을 겁니다. 이외에 비슷한 표현들로는 어떤 것이 있을까요?

● It cost us a pretty penny.
  돈이 많이 들겠군.
● It wasn't cheap!
  절대 싸지 않아.
● This is going to leave a lot of damage in its wake.
  정신이 확 들도록 큰 손해를 입힐 만큼 비쌀거야.

A : This motorcycle is really neat. I wish I could buy it.

B : Yea, me, too. But it costs an arm and a leg.

A : 이 오토바이 정말 깔끔하네. 이거 샀으면 좋겠다.

B : 그래, 나도야. 하지만 어마어마하게 비싸.

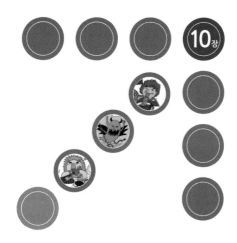

10장

Dining

A : Oh, I'm so full! My stomach is killing me. I shouldn't have eaten so many snacks
   before coming to this restaurant.

B : Yes, you got the lion's share of the pizza. It's a good restaurant, isn't it?
   I'm a regular here. Did you like it?

A : Yes! Thanks for inviting me to this place. Hey, let me pay. I'll get this.

B : No, let's split this. Everybody chips in.

A : Are you sure? How much do I owe?

B : I think $10 should be enough.

A : Okay, here you go.

A : 아, 나 정말 배불러! 속 쓰려. 이 레스토랑에 오기 전에 간식을 그렇게 많이 먹는 게 아니었는데.

B : 응, 네가 피자의 가장 좋은 부분 먹었잖아. 여기 정말 좋은 레스토랑이지 않아?
   난 여기 단골이야. 여기 괜찮아?

A : 응! 이런 장소에 초대해줘서 고마워. 이봐, 이건 내가 낼게.

B : 아니, 각자 내자. 1/N로 나눠 계산하자.

A : 정말? 내가 내야 할 게 얼마인데?

B : 내 생각에 10달러면 충분할 것 같은데.

A : 그래, 여기 있어.

Dining

미국에서 식당에 가서 먹는 것을 고를 때는 내가 먹고 싶은 것을 고르고, 다른 사람은 그 사람 먹고 싶은 것을 고르고, 돈도 각자 내니까 어떤 면에서는 참 단순했던 것 같아요. 여럿이 모였을 때 혹시 누군가 돈을 내는 경우라면 이런 저런 사유로 미리 초대하는 거라고 밝히고 말이죠.

한국에서는 말이죠, 여럿이서 나눠먹기도 하니까 좋아하는 메뉴를 무조건 주장하기 어렵고, 식사 후까지 누가 돈을 낼지 불분명할 때도 있고, 내가 먼저 먹고 싶은 것을 밝히기에는 모인 사람들의 사회적 위치나 연령 등 여러 가지를 고려해야 해서 좀 복잡해진 것 같아요. 어떤 모임은 계속 돈을 내야하니까 안가고, 얻어먹기만 해도 불편하고, 밥 사는 사람은 결국 늘 밥을 사더라구요. 오죽하면 직장 상사들 사이에서 "등골브레이커"라는 말이 나왔을까요. 각자 돈을 내는 문화는 여전히 또래 여자 친구들 사이에만 국한된 것이 아닌가 싶어요.

1

내가 쏠게

I'll get this.

"내가 쏠게요!"라는 표현을 영어로 어떻게 하는지 알아봅시다. Get 동사를 사용해서 "I'll get this."나 "I'll get the bill."이라고 하면 '내가 그걸/계산서를 집겠다.' 즉 '내가 지불하겠다'는 의사가 있는 것으로 해석됩니다. 같은 의미의 다른 표현으로는 "It's on me."나 "My treat."을 사용하기도 합니다.

그럼 "이 샐러드는 사장님이 서비스로 드리는 겁니다." 이건 어떨까요? 단골집에 가는 건 바로 이런 묘미 때문이거든요. "It's on the house."입니다. 모르는 단어는 없죠? 이 집, 즉 주인집에서 내는 거니까, 돈을 낼 필요가 없다는 뜻이에요. 영화나 드라마를 보다 보면 의외로 자주 나오는 표현이니 잘 들어보세요.

A : I'll get this. You can get lunch next time.
B : Really? That's very kind of you. Thank you.

A : 이건 내가 낼게. 다음에는 네가 점심 사.
B : 정말? 고마워.

2
여기 있어

Here you are. / Here you go.

식당에서 많이 들을 수 있는 표현입니다. 주문한 음식을 시킨 사람의 앞에 놓으면서 웨이터나 웨이트리스가 이렇게 말하죠. "Here you are!" '주문하신 음식입니다. 당신을 위한~' 뭐 이런 뉘앙스라고 할 수 있겠죠. "Here you go!"도 비슷합니다.

"Here you go!"와 비슷한 "There you go!"는 들어보셨나요? 비슷하긴 한데, 'here'보다 덜 구체적일 때 사용합니다. 뭐랄까 음식과 같은 실물이 없는 상태라고 하면 이해가 쉬울까요? 예를 들어 상대방이 여러분에게 질문을 했어요. 그래놓고는 혼자 정답을 말해 버립니다. 그래서 '뻘쭘'해진 여러분은 "There you go, you've solved the problem!"이라고 대답하면 됩니다. 딩동댕, 정답! 그렇지! 이런 느낌을 전해주세요.

A : Here you go. All set.
B : Thank you for your help!

A : 여기 있어. 다 됐다.
B : 도와줘서 고마워!

3
N분의 1로 나눠 계산하자

Everybody chips in.

여럿이 모여 맛있는 음식을 먹을 때 누군가 "내가 쏠게!"하면 좋겠지만 대부분의 경우에는 전체 금액을 사람 수만큼 나눠서 계산을 하죠. 'Chip'은 자르다, 쪼개다라는 의미가 있는데, 총 액수를 사람 수로 자른다, 쪼갠다라고 생각하면 어렵지 않을 거예요. 쉬운 예를 하나 들어보자면 세 명이서 1만 원, 1만5천 원, 2만 원짜리 음식을 시켜먹고는 각자 1만 5천 원씩 낸 경우가 됩니다. 단, 이 표현은 우리가 생각하는 더치페이와는 약간 차이가 있습니다. 더치페이는 말 그대로 자신이 먹은 음식 값만 계산하는 거니까요.

그렇다면 더치페이, 즉 '각자 내자'는 말은 어떻게 하는지 알아볼까요? "Let's split this!" 입니다. 8번에 또 나오는 문장이니까 뒤에 가서 자세히 확인해주세요.

A : How shall we pay our bill?
B : Everybody chips in.

A : 어떻게 계산할까?
B : 모두 나눠서 내자.

4

나 오바이트 했어

I threw up what I ate.

도대체 언제부터 '토한다'는 말을 '오바이트'라고 칭하기 시작했을까요? 요즘은 또 "토 나와"하는 말이 '토한다'는 것과는 다른 의미가 되었네요. 영어이긴 하지만 본래 영어의 쓰임새와는 전혀 다른 우리말로 굳어진 표현이 참 많이 있습니다. 오바이트-throw up은 물론이고, 파이팅-Go for it!, 핸드폰-Cellular phone 같은 말은 영어로 하면 틀린 표현이 되니까 우린 두 가지를 모두 배워야 하는 셈이네요.

A : I threw up what I ate last night.
B : Were you not feeling well?

A : 나 어젯밤에 먹은 것 토했어.
B : 어디 아팠니?

5

새참, 분식, 간식

snacks / munchies

우리나라에는 참 다양한 먹을거리들이 있죠? 일하는 중간에 허기를 달래기 위해 먹는 새참이나 떡볶이, 튀김 같은 분식과 간단하게 즐겨 먹는 간식까지! 이렇게 다양한 먹을거리를 가리키는 표현을 영어로 살펴보겠습니다. 가장 흔하게는 snacks를 사용하는데, 가벼운 음식을 가리킬 때는 munchies라고도 합니다. 이밖에 마실 것들은 refreshments라고 하고, 간단하게 집어 먹을 수 있는 음식은 finger foods라고 하니까 같이 알아두세요.

A : Let's watch the movie "Batman" at home tonight!
B : Sure, and make sure we have popcorn and other munchies.

A : 오늘 밤 집에서 영화 〈Batman〉 보자!
B : 좋아, 팝콘이랑 간식거리들 있는지 확인해봐.

6

속 쓰려

My stomach is killing me.

술 마신 다음 날 이런 경험 있으신가요? 속이 너무 아파서 힘들 때 하는 말인데, 영어에서는 '내 위가 날 죽이고 있어'라고 표현합니다. 위가 좋지 않은데 그 고통이 마치 죽을 만큼 힘들다고 표현하는 거죠.

이 표현을 응용해서 무언가 너무 힘든 일이 있을 때 "Something is killing me."라고 하실 수 있습니다. 예를 들어 '시험 때문에 너무 힘들다'고 말하고 싶을 때 "The test is killing me."라고 하는 겁니다. 이런 표현은 알아두면 좋지만 쓸 일은 많지 않아야겠죠?

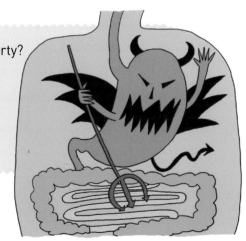

A : How are you feeling after last night's party?
B : My stomach is killing me.

A : 어제 파티 끝나고 속은 좀 괜찮아?
B : 속 쓰려 죽겠어.

7

올리브는 빼주세요

Hold the olive, please.

한국에도 진출해 있는 'Subway'라는 샌드위치 전문점은 빵의 종류는 물론, 안에 넣을 온갖 채소와 치즈 등 토핑을 먹는 사람이 선택할 수 있게 되어 있습니다. 그리고 소스와 음료수를 고르고, 감자칩 같은 과자도 삽니다. 빵은 주로 "wheat or white?"중에서 고르고, lettuce, tomato, onion 등과 sliced ham and cheese 등도 고르죠. 이 집에서 주문을 할 때 제가 늘 했던 말이 "Hold the olive, please."였습니다. 얇게 썰어놓은 검정색 올리브가 너무 쓰더라고요.

A : Would you like something to drink, sir?

B : Yes, a martini. Hold the olive, please.

A : 음료 주문하시겠습니까, 선생님?

B : 네, 마티니로 하지요. 올리브는 빼주세요.

8

각자 내죠

Let's split this.

많은 분들이 "각자 비용을 지불하자"고 할 때 "더치페이하자"라고 합니다. 영어로 쓰면 'Dutch pay'가 되는데, 역사적으로 상업과 무역을 중시했던 네덜란드 사람들이 물건이나 식사 등의 비용을 각자 지불했던 것에서 유래했다고 합니다. 그런데 실제로는 Dutch pay라는 영어 표현은 거의 사용하지 않습니다. 굳이 Dutch를 사용하고 싶을 때는 "Let's go Dutch."라고 합니다.

자 이제 Real & Live에서는 "각자 내죠"를 더 생생한 표현으로 알려드립니다. Split이라는 단어의 뜻이 '반으로 자르다/가르다'라는 것은 잘 아시죠?

● Let's get separate checks. / Let's split the check.

"Let's split the check!"하면 '영수증을 각자로 나누어주세요'라는 뜻이 되니까, 바로 우리가 하고 싶었던 말, '각자 냅시다'가 됩니다. 우리 한국 문화는 대체로 연장자가 비용을 지불하는 경우가 많았어요. 그러나 요즘은 젊고 어린 연령층으로 갈수록 '각자 먹은(마신) 만큼 만큼 냅시다'라는 표현을 쉽게 접할 수 있습니다.

A : That was a great lunch. Let's split this.

B : Sure!

A : 정말 맛있는 점심이었어. 각자 계산하자.

B : 그래!

9
네가 가장 좋은 거 먹었잖아

You got the lion's share.

예나 지금이나 초원의 왕은 사자입니다. 'Lion's share'라는 표현은 이솝 우화를 비롯해 이렇게저렇게 전해 내려오는 사자의 행동에서 따온 거예요.

옛날 옛날에 여우와 당나귀와 사자가 함께 사냥을 갔답니다. 당나귀가 잡은 먹잇감들을 똑같은 크기로 세 등분을 하자, 화가 난 사자가 당나귀를 그 자리에서 물어죽여서 잡아먹었더랍니다. 여우는 흩어진 먹잇감을 모두 한 곳에 크게 쌓아놓고, 다른 한 쪽에는 아주 조금만 놓았습니다. 그리고는 사자에게 원하는 쪽을 선택하라고 하였습니다. 사자가 여우에게 어디서 이렇게 나누는 방법을 배웠느냐고 묻자 여우는 '당나귀의 불운에서'라고 답했답니다.

사자의 것이 제일 좋은 것, 맞습니다. 그렇죠?

A : I had to share my cake with my little brother.

B : True, but you got the lion's share.

A : 남동생이랑 케이크를 나눠야만 했어.

B : 그래, 하지만 네 몫이 훨씬 컸어.

10
난 여기 단골이야

I'm a regular here.

여러분이 알고 있는 regular는 어떤 뜻인가요? 보통 크기? 여기에서는 '꾸준히 한 장소를 방문한다, 일정 장소에 들르라'는 뜻으로 사용되었습니다. 마치 정규 직원인 것처럼 자주 가는 사람, 즉 단골이란 뜻이 됩니다.

A : Everybody seems to know your name at this café.
B : Oh yes. I'm a regular here. I eat lunch here every day.

A : 이 카페에 있는 모든 사람들이 네 이름을 아는 것 같아.
B : 응. 나 여기 단골이거든. 매일 여기에서 점심식사를 해.

11

엎친 데 덮친 격이야

Rub salt in wounds

'불난 데 부채질하기' 혹은 '엎친 데 덮쳤다'는 말은 어떻게 표현하면 좋을까요? 이 말은 곧 상상했던 것보다 상황이 더욱 악화되고 있다는 뜻인데요. '악화일로'를 영어로 아주 재미 있게 표현해봅시다. '상처 난 곳에 소금 바르기'예요. 혹시 양치를 소금으로 해본 적 있으 세요? 물을 섞어도 멀쩡한 입안이 따끔거리는데, 상처가 난 곳에 소금을 문지른다고 상 상해보세요. 그 상처가 아물기는커녕, 더 덧나지 않을까요?

- To make matters worse.
- This will only make it worse.
- This only worsens it.

A : The winning hockey team refused to shake the losing team's hands after the game.

B : That's terrible. What a way to rub salt in their wounds.

A : 하키 게임이 끝나고 이긴 팀이 진 팀과의 악수를 거절했어.

B : 그건 너무했다. 불난 집에 부채질하는 격이네.

12
한 입만!

Can I have a bite?

영어로는 이런 말 안 하는 줄 아셨죠? 음식을 각자의 접시에 담아서 먹으니까, 우리처럼 나눠먹을 일이 없다고 생각하기 쉽잖아요. 물론 기본적으로 각자의 음식을 덜어서 먹는 것은 맞습니다. 그러나 가끔 상대편의 식사를 한 입 먹어보고 싶을 때가 있잖아요. "한 번 맛 좀 볼게" 이런 차원으로······. "한 모금만 마셔보자"라고 할 때는 "Can I have a sip?"이라고 하면 됩니다.

A : Your dish looks so yummy. Can I have a bite?
B : Sure, go ahead.

A : 네 음식 맛있어 보인다. 한번 먹어봐도 돼?
B : 그래, 먹어봐.

13
6시에 4명 저녁식사 예약 부탁합니다

I'd like a table for four at six, please.

주윤발과 종초홍이 출연했던 〈가을날의 동화〉라는 오래된 영화가 있습니다. 마지막 장면에서 주윤발이 오랫동안 기다려왔던 그녀를 맞이하면서 이렇게 묻습니다. "a table for two?"(우리 두 명이 함께하는 식사죠?)

A : Thank you for calling Santorini's Italian Restaurant. How may I help you?

B : I'd like a table for four at six, please.

A : Santorini의 이탈리아 식당에 전화해주셔서 감사합니다. 어떻게 도와드릴까요?

B : 6시에 4인석을 예약하고 싶습니다.

14

너무 배불러

I'm stuffed.

'stuffed'는 '속이 무언가로 꽉 차다'라는 뜻입니다. 맛있는 것을 많이 먹어서 배가 부를 때는 또 다른 표현으로 "I'm so full." 이렇게도 이야기할 수 있겠지요. 재미있는 것은 stuffed animals라는 표현인데요, 속이 꽉 찬 동물은 뭘까요? Teddy bear 인형이나 털 인형처럼 속이 푹신푹신한 인형들을 stuffed animal이라고 한답니다.

A : Do you want some dessert?
B : No, thanks. I'm stuffed.

A : 후식 좀 먹을래?
B : 아니 괜찮아. 나 완전 배불러.

11장

Drinking

A : Now that we've finished dinner, what shall we do now?

B : Let's go to a bar. Drinking is my middle name.

A : Oh, but didn't you have too much wine during dinner? You don't seem sober.

B : I'm just a little buzzed. Besides, the night is still young!

[later]

A : Oh, I'm so wasted.

B : Let's go for another round!

A : Really? It's in the middle of the night. You really don't seem affected by all the alcohol you drank.

B : Yes, I'm a friendly drunk. I can drink all night.

A : 자 우리 저녁식사가 끝났는데 이제 우리 뭐 할까?

B : 바에 가자. 내가 술을 정말 잘 마시거든.

A : 하지만 저녁 먹으면서 와인 많이 마시지 않았어? 너 멀쩡하지 않은 것 같은데.

B : 난 좀 알딸딸한데. 게다가, 아직 초저녁이라구!

[잠시 후]

A : 오, 완전히 취했어.

B : 2차 가자!

A : 정말? 밤이 깊었어. 넌 정말 네가 마신 술의 알코올에 전혀 영향을 받지 않나 보구나.

B : 응, 나는 술만 마시면 친구가 돼. 난 밤새도록 마실 수 있다구!

Drinking

11장의 주제는 술입니다. 저는 별로 술을 즐기지 않고 그럴 기회도 별로 없었기 때문에 개인적인 특별한 기억이 없습니다. 양이 매우 적지만, 의외로 보드카나 독주가 더 잘 맞는다는 것 정도? 그러나 지인이나 주변의 얘기를 들어보면 술에 관한 에피소드들은 어쩌면 남자들의 군대얘기들보다 더 차고 넘치는 것 같습니다. 한국 사회에서 술과 술자리는 어쩌면 밥과 식사자리 같은 늘 함께 하는 존재처럼 여겨지기도 하는 것 같고요.

영어에 관해서라면 많은 분들이 "아, 나는 술만 마시면 영어 완전 잘하는데……"하십니다. 사실 근거가 좀 있긴 해요. 혀가 풀린다고 하는 것, 특히 유창해지는 것은 무엇보다 자신을 옥죄이고 있던 긴장이 풀렸다는 이야기입니다. 영어교육에서 전문적인 용어로 설명하자면 불안감(Anxiety)이 낮아졌다고 합니다. 학습자가 갖고 있던 걱정, 근심, 실패에 대한 두려움 등이 낮아지면서 편안하게 말을 하게 되는 것이죠. 그런 느낌을 알기 위해 한 번 정도만 시도해보세요. 할 수 있다는 것만 확인하시고, 늘 맑은 정신으로 영어연습을 꾸준히 합시다.

1

건배!

Cheers!

여럿이 모인 술자리에서 빠짐없이 등장하는 말이죠? 모두 잔을 높이 들고서 외치는 이 말을 영어로 해볼까요? 가장 간단하고 쓰기 쉬운 표현이 "Cheers!"죠. "건강을 위하여!"라고 외칠 땐 "To your health!"라고 하세요. health 대신 다른 단어를 사용해도 좋습니다. 무언가를 위해서 건배를 할 때는 "To your _____ !"라고 외치세요!

A : Hey everybody, let's raise a glass to Gus on his promotion!
B : Cheers!

A : 여러분! 잔을 들어 Gus의 승진을 축하합시다!
B : 건배!

2
저는 멀쩡합니다

I'm sober.

음주와 관련된 표현을 알아보겠습니다. 첫 번째는 술을 거의 마시지 않거나 전혀 마시지 않아서 정신적으로 멀쩡한 상태입니다. 당연히 저는 지금 I'm sober입니다!

이후 단계에 따라 점점 심해지는 순서대로 나오니까 잘 봐두세요.

- I'm sober. 저는 술을 마시지 않았어요. 멀쩡합니다.
- I'm buzzed. 저는 기분이 좀 좋은데요.

A : Good evening, sir. Have you had anything to drink tonight?
B : No, officer. I'm sober.

A : 안녕하십니까, 선생님? 오늘밤에 음주하셨습니까?
B : 아닙니다, 경관님. 저는 멀쩡합니다.

3
저는 좀 알딸딸한데요

I'm (so) buzzed.

이번에는 약간 기분이 좋을 정도, 흔히 '알 딸딸하다'고 할 정도로 음주를 한 경우입니다. 술을 적당히 마셔서 기분이 좋은 상태라고 보시면 되겠죠. 좀 많이 마셔서 취한 상태가 되면 "I'm drunk."라고 합니다.

- I'm (so) buzzed. 저는 좀 알딸딸한데요.
- I'm so drunk. 술을 좀 많이 마셔서 취했습니다.

A : How do you like your drink?
B : It's good! And I'm buzzed!

A : 네가 마시는 술 어떠니?
B : 이거 괜찮은데! 나 좀 알딸딸해!

4
완전히 취했습니다

I'm so wasted.

'완전히 취했다'는 waste를 사용해서 표현합니다. 술을 마시다가 'blacked out'이 될 만큼, 즉 필름이 끊기도록 심하게 마신 경우를 뜻합니다.

● I'm so wasted. 저는 너무 취해서 거의 죽을 것 같아요.

그래서 '우리 끝까지 마셔보자'는 말은 "Let's get wasted."가 되는 거죠. 술과 관련된 표현을 잘 알아두면 친구 사이에서 구어적으로 사용할 수 있습니다. 영어 표현은 자주, 많이 사용해서도 좋지만, 실제 음주는 적당히 합시다. 다들 알고 계시죠?

A : Great party! I love it! How about you?
B : Not so great for me. I'm so wasted.

A : 굉장한 파티야? 정말 좋아! 넌 어때?
B : 난 그다지 좋지 않아. 완전히 취했거든.

5

아직 초저녁이라고!

The night is still young!

'마음은 청춘'이라는 뜻으로 'Young at heart'라는 표현이 있습니다. 이와 비슷하게 '밤이 창창하다, 신나게 달릴 수 있다, 밤이 아니다' 등을 이렇게 재미있게 표현할 수 있습니다. "밤은 젊어요, 아직 초저녁이에요."

A : You want to go to a nightclub at 2A.M.? Seriously?
B : The night is still young!

A : 새벽 2시인데 나이트에 가고 싶다고? 진심이야?
B : 아직 초저녁이야!

6

그는 술만 마시면 친구가 돼요

▲
He's a friendly drunk.

"He's a drunk."라는 구문을 이용하면 되는데, 안에 다양한 형용사를 넣습니다. friendly 를 넣으면 '한 잔 하면 너나 할 것 없이 친구가 되는 경우'를 뜻하게 되고, quiet를 사용하면 말 그대로 "He's a quiet drunk." 즉 '그는 술을 마시면 말이 없어져요'가 됩니다. 반대로 talkative를 넣으면 "He's a talkative drunk." 즉 '그는 한 잔 하면 말이 많아져요'의 뜻이 되지요. 화를 낸다고요? 그렇다면 그는 당연히 "He's an angry drunk."입니다.

● He's a(n) friendly/affectionate/quiet/talkative/angry drunk.

사람들이 술을 마시고 나면 조금씩 변하는 경우가 있잖아요. 어떻게 변하나요? 술에 대한 표현을 사람들의 버릇과 연관시켜보겠습니다.

● I'm a friendly drunk. 저는 다 친구가 돼요.

● He's an affectionate drunk, isn't he? 그는 스킨십이 많아져요. 그렇죠?

● You're a quiet drunk. 당신은 말이 없어지네요.

- She's a talkative drunk. 그녀는 말이 많아져요.

- They're angry drunks. 그애들은 화를 내는 것 같더라.

- He is an affective drunk. 그는 술만 마시면 좀 귀여워, 사랑스럽지.

A : Look at Phil. He's sitting on the couch looking so relaxed.
B : Yes, he's had a bit too much to drink. But he's a friendly drunk.

A : Phil 좀 봐봐. 정말 편안하게 소파에 앉아 있잖아.
B : 응, 좀 과음했어. 하지만 그는 술이 취하면 친근해지더라.

7

필름이 끊겼어

I blacked out.

술을 마시다가 의식을 잃을 정도, 즉 필름이 끊길 정도라면 'blacked out'이라는 표현을 사용합니다. 과음으로 인한 기억상실 현상이 되는 거죠.

본래 전기가 나가서 어두운 정전 상태를 blackout이라고 하는데, 연극을 시작하기 전 모든 조명이 꺼진 암전 상태도 blackout이라고 합니다.

A : Why do you look so sick?
B : Is it that obvious? I drank like a fish last night. I blacked out.

A : 왜 이렇게 안 좋아 보여?
B : 그렇게 티가 나? 어제 술을 좀 많이 마셨거든. 필름이 끊겼지.

8

제가 술을 정말 잘 마시거든요

Drinking is my middle name.

술을 정말 잘 마시는 사람이 사용할 수 있는 표현으로 "~is one's middle name."을 씁니다. '~이 전문이다'라는 뜻입니다. 오죽하면 "술 하면 나"라는 공식이 성립했겠어요? "나 이런 사람이야!"하고 싶을 때 사용하면 유용하겠죠?

● Dangerous is my middle name. 나 위험한 사람이니까, 건들지 말라고!

A : So, do you like to drink?

B : Do I? Of course! Drinking is my middle name!

A : 그래서, 술을 마시고 싶다는 거야?

B : 나? 당연하지! '술'하면 '나' 아니겠어!

9

2차 가자

Let's go for another round!

한국에서는 1차, 2차 이런 표현을 사용하는데, 영어로는 round입니다. 저녁 먹고, 한 잔하고, 치킨집에 갔다가, 커피를 마시고⋯⋯. 뭐 이런 식으로 끝도 없이 회식을 한다면, 그때마다 누군가 "Let's go for another round!"했기 때문이겠지요.

뷔페 식당에 가면, 나가서 음식 가져오고, 다 먹고, 또 나가고 하죠? 그것도 second round, third round 이렇게 표현할 수 있답니다.

A : Let's go for another round!
B : Okay, but this time, it's my turn to pay!

A : 2차 가자!
B : 좋아, 그런데 이번엔, 내가 쏠 차례야!

10

나는 박치야

I have no rhythm.

이번에는 '뭔가 잘 못하는 사람'을 어떻게 표현하는지 알려드릴게요. 박치, 음치, 몸치 이런 표현들이 필요한 경우가 있잖아요, 그렇죠?

- I have no sense of direction.(길 잘 모르는 사람-길치)
- I have no rhythm.(박자 잘 못 맞추는 사람-박치)
- I am tone deaf.(노래 잘 못하는 사람-음치)
- I have two left feet.(춤 못 추는 사람-몸치)
- Smart phones don't like me.(기계치)
- This remote control hates me.(기계치)

A : Do you want to go dancing with Janet?
B : Yes, but I can't. I have no rhythm.

A : Janet이랑 춤추러 가고 싶어?
B : 그렇긴 하지만 그럴 수가 없어. 난 박치거든.

11

깊은 밤

In the middle of the night

깊은 밤이라는 표현은 특별한 것이 없습니다. ~중이라는 "In the middle of~"를 활용하면 됩니다. 이외에도 "In the middle of~"는 다양하게 활용할 수 있는데요, "여기가 어딘지 모르겠어요"라면 "I'm in the middle of nowhere."가 될 것이고, "I'm in the middle of doing something, OK?"라면 뭔가 하느라 바쁘다는 것 아닐까요?

A : I need to call my brother to drive us home!

B : You can't call him now! It's in the middle of the night!

A : 우리 오빠한테 집까지 태워달라고 전화해야겠어!

B : 지금은 안 돼! 시간이 너무 늦었어!

12

오늘은 이만 하지

Let's call it a day.

해가 뜨면 일을 시작하고 해가 지면 일을 마쳤던, 그래서 낮을 하루라고 여기던 시절이 있었습니다. 요즘에야 24시간 일하는 경우도 많고, 야근까지 생각하면 밤낮없이 일을 하니까 day의 개념이 좀 달라졌지만요. 그래서 밤낮 개념과 관계없는 요즈음에도 "오늘 일은 여기서 끝냅시다, 퇴근합시다"는 말은 예전에 그러했듯이 "이만큼의 낮을 하루라고 부르자"는 표현으로 굳었답니다.

- Let's stop here.
- Let's finish here.
- Let's wrap it up here.

13

각자 마실 술 가져오기

BYOB(Bring Your Own Beer)

8장에서는 멋있게 NOYB라고 하는 표현을 배웠습니다. "None Of Your Business!"였지요.

이번에는 줄임말만 보면 헷갈리기 쉬운 BYOB라는 표현을 배워봅시다. 술에 대한 이야기인데 추측이 되나요? 미국 사람들은 흔히 potluck이라고 해서 각자 음식을 가지고 오는 파티를 열곤 합니다. 그래야 초대한 사람도 함께 대화를 할 시간이 많아지니까요. 이와 비슷하게 자신이 마실 술은 각자 가지고 오는 BYOB(Bring Your Own Beer) 파티도 있어요. 좀 낯설죠?

A : We'll have a BYOB party tonight at Jerry's place.
B : Well, I cannot make it tonight. Have some fun!

A : 오늘 제리네 집에서 파티가 있는데, 마실 술은 각자 가져오기로 했어.
B : 그렇구나. 난 오늘은 안되겠어. 재미있게들 놀아!

12장

Travel

A : I'm bored. What do you feel like doing?

B : How about the movies?

A : I'm not in the mood to go to the movies.

B : I know! Let's take a road trip!

A : Don't take this the wrong way, **but** I'm planning to spend the weekend at a bed and breakfast.

B : Well, why don't we go together? Does that include breakfast?

A : I was planning to go by myself, but let me sleep on it.

B : Let me know ASAP. I really want to hit the road.

A : 지루하다. 뭐 하고싶은 거 없어?

B : 영화는 어때?

A : 내가 영화 볼 기분이 아니야.

B : 알았어! 바람이나 쐬러 가자!

A : 기분 나쁘게 받아들이지 마, 나 B&B에 가서 주말 보낼 계획이야.

B : 그래, 같이 가는 건 어때? 아침 식사 포함되니?

A : 난 혼자 갈 생각이긴 한데, 좀 잘 생각해볼게.

B : 최대한 빨리 알려줘. 난 정말 떠나고 싶어!

Travel

마지막 12장은 여행으로 마무리 짓겠습니다. 여러분은 기회가 되면 한국의 어디를 가장 여행하고 싶으세요? 해외에서라면 어디를 가고 싶으신가요? 혹은 가봤던 곳 가운데 인상적이었던 곳을 꼽는다면 어디? 제게도 가보라고 추천해 주실래요?

여행은 가기 전의 설레임, 여행 기간 동안 겪는 새로움, 그리고 이후의 추억놀이까지 버릴 것이 없는 것 같습니다. 가장 최근 한국에서 아름다웠던 여행지는 통영에서 배타고 들어가는 '장사도 해상공원'입니다. 〈별에서 온 그대〉라는 드라마에서 나온 곳을 그 즈음에 갔더니 동백꽃이 정말 흐드러지게 피어있었고, 거대 두상 조각도 실제로 더 멋있었고, 고개만 돌리면 푸르디푸른 바다였던 것이 너무 아름다웠습니다. 제가 별로 가본 섬이 없어서 그럴 수도 있으니 혹시 실망하셔도 제 탓은 하지 마시길……. 나중에 꼭 바다 보이는 집에서 살고 싶어요.

아직 미지의 곳으로 둔 곳은 스페인 바르셀로나입니다. 《오기사, 행복을 찾아 바르셀로나로 떠나다》를 읽으며 눈물을 흘리면서 웃다가 가보지 않은 곳에 대한 상상만으로도 행복했던 기억이 납니다. 오기사는 "익숙한 듯 건들건들 걸을 것, 혹은 다리가 아프니까 한 번에 너무 오래 걸어 다니지는 말 것"이라고 바르셀로나 여행 원칙을 밝혀놓았는데, 기회가 되면 한 번 그렇게 해보죠, 뭐. 그러고 보니 저는 아직 익숙한 듯 건들건들 걸어본 도시가 없는 것 같은걸요?

1

잘 자. 이불 꼭 덮고

Sleep tight!

"Have a sweet dream!"처럼 매우 구어적인 표현입니다. 간단한 인사인 "Good night!"과
함께 다양한 방식으로 "잘 자라" 하고 이야기해봅시다.

A : Good night, Bob. Thanks for driving me home. I'll see you in the morning!
B : Good night! Sleep tight!

A : 잘 자, Bob. 집까지 태워줘서 고마워. 아침에 만나자!
B : 잘 자! 푹 자!

2

와, 완전 아슬아슬했어

It was a close call! That was close!

거의 일어날 것 같지 않은 사건, 사고에 대한 표현입니다. 별로 유쾌하지 않은, 뭐랄까 위험천만한 일에 주로 사용합니다. 원하지 않는 일이 벌어질 뻔했던 그런 상황이니까 잘 이해합시다. 예문도 그렇잖아요. 사슴을 치거나, 회사가 망할 것 같은……. 그러니 아슬아슬했던 사고가 맞죠?

● The business survived, but it was a close call.
그 사업체 거의 망할 뻔했는데, 간신히 살아남았지.

A : Whew! I nearly hit that deer on the road!
B : That was close!

A : 휴! 저기 도로 위의 사슴을 칠 뻔했어!
B : 정말 아슬아슬했어!

3

바람이나 쐬러 가자!

Let's take a road trip!

이번 장이 Travel에 관한 것이니 'road'를 사용해서 여행과 관련 있는 표현들을 살펴보도록 하겠습니다. 첫 번째 표현은 "Let's take a road trip!"입니다. 영어에서 'road trip'이라고 하면 자동차를 타고 계획 없이 즉흥적으로 어딘가 떠나는 것을 의미합니다. 우리가 흔히 '바람이나 쐬자', '드라이브나 가자'라고 하는 것을 "Let's take a road trip!"이라고 할 수 있는 거죠.

A : Let's take a road trip!
B : Okay! I'll get the car ready.

A : 바람 쐬러 나가자!
B : 좋아! 차 준비할게.

4

출발하자고!

Let's hit the road!

일반적으로 '출발!' '가자!'라고 할 때, "Let's go!"라고 하죠? 이제부턴 이렇게 말해보세요.
"Let's hit the road!"

'hit the road'는 말 그대로 '땅을 박차고 나가다'라는 뜻입니다. 그래서 구어적인 표현
으로 '가자' '떠나자' 등의 뜻이 됩니다. 또한 '시작하자'라는 뜻도 가집니다. 여기서 hit
은 '~를 시작할 것을 의도하다'는 뜻으로 쓰였습니다. 따라서 상황에 따라 여러 의미로
유용하게 쓰일 수 있는 좋은 표현입니다.

A : Let's hit the road.
B : OK. Let me get my bag.

A : 가자.
B : 응. 내 가방 좀 챙기고.

5

여행 중이야!

I'm on the road.

마지막으로 'road'를 사용한 여행 관련 표현은 "I'm on the road."입니다. 'on'이라는 전치사는 '~위에'라는 의미를 가지고 있으므로 "난 길 위에 있어." 즉, 여행 중이라는 표현이 되는 겁니다. 이렇게 'road'라는 단어 하나만 가지고도 여러 가지 다양한 표현들을 만들 수 있다는 게 정말 재밌지 않나요?

A : Hi Jeff, this is Steve calling. Where are you now?
B : Hi Steve. I'm on the road, actually. Driving to Las Vegas. What's up?

A : 여보세요? Jeff, 나 Steve야. 지금 어디야?
B : 안녕 Steve. 나 지금 여행 중이야. 라스베이거스로 운전 중인데, 무슨 일이니?

6
아침 식사 포함되나요?

Does that include breakfast?

여행을 갈 때 숙소 예약은 필수죠. 숙소 예약 시 숙박료에 다음 날 아침식사 비용까지 포함되어 있는지를 물어보는 표현입니다. 대개는 다음날 아침식사 비용이 포함되어 있지만 간혹 없는 경우도 있으니 꼭 한번 물어봐야 할 표현이겠죠? 보통 이렇게 숙박 다음 날 아침식사를 주는 숙박업체 앞에는 'Breakfast Included'라고 쓰인 간판이나 현수막과 같은 것이 걸려 있습니다.

A : That will be $95 for the hotel room, sir.
B : Does that include breakfast?

A : 호텔 숙박비는 95달러입니다, 선생님.
B : 아침식사도 포함인가요?

7

B&B에 가서 주말 보낼 계획이야

I'm planning to spend the weekend at a bed and breakfast.

앞에서 설명한 것처럼 아침식사가 포함된 숙박 서비스를 제공하는 호텔 등의 숙박업체 들을 가리켜 'bed and breakfast'라고 합니다. 그리고 보통은 이를 줄여서 짧게 'B&B'라 고 부릅니다. 외국에서는 개인 가정에서도 이런 서비스를 제공해주는 경우가 있습니다.

A : I'm planning to spend the weekend at a bed and breakfast.

B : That's great! I hope you did some research and found one
with good reviews!

A : 주말에는 B&B에서 숙박할 거야.

B : 좋겠다! 네가 찾아보고 평판이 좋은 곳을 골랐기를 바라!

8

최대한 빨리

ASAP(As Soon As Possible)

미국 친구들과 펜팔이나 이메일을 하거나, 메신저를 하다 보면 그들이 가끔 여러분들이 이해할 수 없는 단어들을 쓰고 있는 걸 발견할 수 있죠? 자주 쓰는 문장을 짧게 줄인 단어들인데 알아봅시다.

- ASAP(As Soon As Possible) : 최대한 빨리.
- LOL(Laugh Out Loudly) : 크게 소리 내어 웃다(우리들이 잘 사용하는 'ㅋㅋㅋ'의 기능).
- ROFL(Roll On The Floor) : 데굴거리며 웃을 만큼 웃긴다.
- OMG(Oh My God) : 오 맙소사! 어머나!
- TIA(Thanks In Advance) : 정말 진심으로 감사한다.
- TYVM(Thank You Very Much) : 정말 고마워.

A : When do you need this report?

B : ASAP.

A : 이 보고서가 언제 필요합니까?

B : 빠르면 빠를수록 좋습니다.

9

더 이상 귀찮게 하지 말아줘

Stop getting into my way!

'into'라는 전치사의 뉘앙스가 전달되죠? 'my way'는 '내가 걷는 길, 내 방식, 내가 원하는 것'등의 뜻으로 넓게 사용됩니다. 그런데 자꾸 'get into', 들어오는 거죠. 물리적인 방이나 길에 들어가는 것도 되고, 내 방식을 간섭하는 것으로도 의역할 수 있습니다. 그러니 "please stop doing it!"

A : Stop getting into my way!
B : Sorry.

A : 귀찮게 좀 하지 마!
B : 미안.

10

기분 나쁘게 받아들이지 마

Don't take this the wrong way.

"Don't take this the wrong way, Don't get me wrong." '잘못 받아들이지 마'라고 해석할 수 있습니다. 즉 '오해하지 마, 기분 나쁘게 받아들이지 마'라는 뜻이 됩니다. 화자가 의도한 뜻과 달리 상대방이 오해할 것이 염려될 때, 이런 표현을 쓸 수 있습니다.

- Don't take this the wrong way.
- Don't get me wrong.
- Don't take it so personally.
- You are taking it all wrong!

"Don't take it so personally." 역시 '개인적인 감정으로 받아들이지 말라.' 즉, '오해하지 마'라는 의미가 됩니다. 이런 표현 하나쯤 알아두면 오해 생길 일 없겠죠?

A : Don't take this the wrong way, but you really should dress more carefully at work. People are talking about you.

B : Really? I had no idea. Thanks for letting me know.

A : 오해하지 말고 들어, 그런데 너 업무 복장에 신경 좀 써라. 사람들 입에 오르내리고 있거든.

B : 정말? 난 정말 몰랐네. 알려줘서 고마워.

11

영화 볼 기분이 아니야

I'm not in the mood to go to the movies.

"그럴 기분이 아니야"를 영어로 해보라고 하면, 열 명에 아홉은 feel이라는 동사를 가지고 이렇게 저렇게 굴려봅니다. 그러나 Real & Live, 실제로 살아있는 표현은 좀 다릅니다. "I'm not in the mood for~"가 훨씬 자연스러워요. 그럼 '~하고 싶다'는 어떻게 표현할까요? 'I want'라고 어린애처럼 떼쓰지 말고, "I'm in the mood for~"라고 우아하게 표현해주세요.

- I'm in the mood for dancing and romancing. 나는 춤추고 싶고, 연애하고 싶어요.
- I'm not in the mood to have a drink. 저, 술 마시고 싶지 않은데요.

A : I'm not in the mood to go to the movies.
B : OK, would you like to stay home instead?

A : 영화 보러 갈 기분이 아니야.
B : 알겠어, 대신 집에 있고 싶니?

12

만나 뵙게 되어서 좋았습니다

It was really good meeting you.

헤어지면서 사용할 수 있는 표현들 중 가장 많이 자주 쓰는 말이죠. 'Goodbye'라는 간단한 인사만 하기보다는 상대방에게 좀 더 호감을 주고 대화를 마무리할 수 있는 좋은 표현입니다. 만나서 좋았다는 건 현재가 아닌 과거를 표현하는 말로, is가 아닌 과거형인 was를 썼다는 점 유의하세요.

A : It was really good meeting you.
B : Likewise. I hope to see you again soon.

A : 만나서 정말 반가웠습니다.
B : 저도요. 곧 다시 만나기를 바랍니다.

13

잘 생각해볼게. 심사숙고해볼게

Let me sleep on it.

침대 머리맡에 두고 밤새 그 꿈을 꾸겠다고? 그러니 얼마나 심사숙고하겠습니까? '한번 잘 생각해볼게'라고 하는 재미있는 표현입니다.

A : What do you think about my proposal?

B : Gee, I don't know. Let me sleep on it. I'll get back to you tomorrow.

A : 내 제안에 대해 어떻게 생각하세요?

B : 이런, 잘 모르겠어요. 잘 생각해보겠습니다. 내일 다시 얘기하도록 해요.

14

지난밤에 조금도 못 잤어

I didn't get any sleep last night.

'시간이 돈'이라고 했던 9장 Money 편에서
"I couldn't sleep a wink last night!"
'어젯밤 한숨도 못 잤어'라는 표현을 배웠어요.
기억하시나요?

이번에는 더 단순한 표현입니다. get이
기본적으로 '얻다'는 뜻을 갖고 있으니,
"I didn't get any sleep."만 보아도 '못 잤구나'하는 걸 추측할 수 있을 거예요.

A : I didn't get any sleep last night. The kids kept me up all night.
B : So sorry to hear that.

A : 어젯밤에 한숨도 못 잤어. 꼬마들이 밤새도록 나를 못 자게 했어.
B : 안됐다.

15

잠을 못 잤다고?

rough night?(insomnia)

불면증은 영어로도 한 단어입니다. 'insomnia'예요. 2008년에는 영국 가수 Craig David 가, 2009년에는 휘성이라는 한국 가수가 부른 노래 제목이기도 하고요. "한숨도 못 잤 어?"라는 표현은 그럼 어떻게 하면 좋을까요?

- Rough night? 잘 못 잤다고요?
- I didn't sleep well. 잘 못 잤어요.
- I didn't get any sleep last night. 어젯밤 전혀 못 잤습니다.
- I was up all night. 밤새 내내 깨어 있었어요.
- I didn't sleep a wink. 한숨도 못 잤어요.
- I pulled an all-nighter. 밤을 완전히 샜어요.

A : You don't look so well. Rough night?

B : The baby next door cried all night. I hardly got any sleep.

A : 영 안 좋아 보여. 잘 못 잤어?

B : 옆집 아기가 밤새 울어서 거의 못 잤어.

16
완전 늦은 시간인데

wee hours

앞에서 '한밤중'은 "In the middle of the night."으로 배웠습니다. 아직 초저녁이라고 하고 싶으면 "The night is still young!"하면 되고요. 이번에는 완전 늦은 시간, 밤늦은 시간 "wee hours" "in the dead of night."에 대해서 알아보겠습니다.

A : I hate my upstairs neighbors. They always party into the wee hours.
They were so noisy last night, so I had to call the police.
B : Wow, you must be so stressed out.

A : 위층 사는 사람들 너무 싫어요. 정말 늦은 시간에 파티를 한다니까요.
어젯밤에 너무 시끄러워서 결국 경찰에 신고했어요.
B : 와, 정말 스트레스 많이 받았겠네.

17

직원이 무척 친절해요

The clerk is so good to me.

Good, 즉 좋다는 단어를 좀 더 세련된 '배려하다, 잘해주다'라는 뜻으로 사용하는 경우를 알아볼까요? 상대편이 여러분에게 잘해준다는 것은, 결국 배려에서 오는 거예요. 그런 '배려하다'는 표현이 "Be good to someone."이구요. "Be good to each other." 즉 '서로 배려하시고, 잘해주세요'라는 뜻으로 사용해봅시다.

- Be good to yourself. 당신 스스로를 돌보세요.
- I'm good to myself. 저는 저 자신을 소중하게 생각합니다.

자신을 소중하게 돌보고 사랑하는 사람이야말로, 다른 사람을 잘 돌보고 사랑할 수 있다고 합니다.

A : The clerk is so good to me. He always gives me a free coffee.

B : What a nice man!

A : 그 점원은 내게 참 친절해. 항상 내게 무료 커피를 제공해줘.

B : 정말 좋네!

18
모든 일은 해결됐어요

The wind is at my back.

Real & Live 마지막 표현으로 어떤 것이 적절할까 고민해보았습니다. 그리고 여러 가지 문제가 해결되었을 때 사용할 만한 것들을 알아두는 것이 좋을 것 같다고 결론을 내렸어요. 맞바람이 불면 걷기도 힘들죠? 그런데 내 등 뒤에서 바람이 불어요. 얼마나 좋을까요? 모든 것이 해결된 거죠. 문제가 해결되었을 때 사용할 수 있는 표현들을 모아봤습니다.

- We're over the hump.
- It's all downhill from here.
- The wind is at my back.
- You're in the clear.

영어공부는 "ups and downs." 잘 될 때도 있고 안 될 때도 있어요. 그러니까 일희일비하시면 오히려 더 힘듭니다. 중요한 것은 꾸준히, 즐겁고 행복하게 하는 겁니다. 언어를 배우는 것은 운동을 하는 것처럼 몸과 마음을 다해 배우는 것이어서, 여러분이 투자한 정성과 노력, 시간과 땀에 대해 매우 정직합니다. 여러분이 정성도 들이고 노력도 하고 돈도 들이고 아끼고 사랑해준 만큼 영어 실력은 향상될 것입니다.

Exercises

다음 우리말을 영어로 옮긴 것 중 가장 자연스러운 표현을 고르시오.

1. 반드시 사야 할 물건이야!

① It's such a steal!
② What a rip off!
③ I want to talk about it.
④ It's a must-have!

2. 저는 묵비권을 행사하겠습니다.

① None of your business.
② I'll take the fifth.
③ I have an empty plate.
④ What a deal!

3. 이번 금요일에 혹시 시간 있으십니까?

① Do you have the time this Friday?
② Will you pick me up this Friday?
③ Do you have some time this Friday?
④ Do you have a business card?

4. 제 입장에서 생각해주시기 바랍니다.

① He is under a lot of stress these days.
② Please, put yourself in my shoes.
③ I really don't understand it.
④ I got a digit of him.

5. 건배!

① My stomach is killing me.
② Hey everybody.
③ I don't feel so good.
④ Cheers!

6. 너는 너무 근시안이야.

① You are breaking all the rules.
② You fail to see the big picture.
③ Failing to see the details.
④ You are too nosy.

7. 아무리 노력해도 이해가 되지 않아.

① None of your business.

② It is without rhyme or reason.

③ It is reasonable.

④ Don't put all your eggs in one basket.

8. 당신이 제 상황이라면 어떻게 하시겠습니까?

① What will you do if you were in my situation?

② What would you do if you were in my shoes?

③ What would you do if you are in my situation?

④ What will you do if you were in my shoes?

9. 나는 편한 사람이에요.

① I'm the one to stand on ceremony.

② I'm a very convenient person.

③ I'm never the one to stand on ceremony.

④ Be comfortable.

10. 밑져야 본전이지.

① I've got nothing to lose.

② Such is life.

③ Why not?

④ I'm on top of it.

다음은 우리말을 영어로 옮긴 것이다. 가장 자연스러운 것을 연결하시오.

A

① 상인이 바가지를 씌웠군요. •

• ⓐ You look so cool in your dress.

② 모든 일이 순조롭기를 바랍니다. •

• ⓑ I have a full plate.

③ 그 사람 눈치가 없어요. •

• ⓒ He's clueless.

④ 나는 여행중이예요. •

• ⓓ I'm flying high.

⑤ 나 요즈음 너무 바빠요. •

• ⓔ I'm on the road right now.

⑥ 기분이 너무 좋아. •

• ⓕ I hope you do well.

⑦ 그녀는 완전히 늦게 왔어요. •

• ⓖ You got ripped off by the salesman.

⑧ 너 간지가 좔좔 흐르는데. •

• ⓗ She was fashionably late.

⑨ 네가 가장 좋은 거 먹었잖아. •

• ⓘ You got the lion's share.

⑩ 그 사람 좀 소개시켜줘. •

• ⓙ Hook me up with him.

다음은 우리말을 영어로 옮긴 것이다. 가장 자연스러운 것을 연결하시오.

B

① 나이값 좀 하시지! •

• ⓐ Act your age.

② 우리 3시 30분쯤이 어떨까? •

• ⓑ Let's split the check.

③ 우리 바람이나 쐬러 가자! •

• ⓒ Please put yourself in my shoes.

④ 너무 심각하게 생각하지 마세요. •

• ⓓ I'll take the fifth.

⑤ 그녀가 나를 바람 맞혔어. •

• ⓔ She stood me up.

⑥ 너 오지랖이구나, 너무 참견을 많이 해. •

• ⓕ How about 3:30ish?

⑦ 말하고 싶지 않아요. 묵비권이죠. •

• ⓖ Don't take it so hard.

⑧ 제 입장에서 생각해주세요. •

• ⓗ I'm stuffed.

⑨ 배불러요. •

• ⓘ Let's take a road trip!

⑩ 각자 냅시다. •

• ⓙ You are so nosey.

다음은 우리말을 영어로 옮긴 것이다. 가장 자연스러운 것을 연결하시오.

C

① 그는 공부벌레야. •

• ⓐ What a deal!

② 정말 괜찮은 가격이네요! •

• ⓑ He's a machine.

③ 완벽해, 10점 만점에 10점! •

• ⓒ What a rip off!

④ 너 멋진걸. •

• ⓓ Ten out of ten!

⑤ 혹시나 해서 말이죠. •

• ⓔ Just in case.

⑥ 완전 비싸요! •

• ⓕ ROFL(Rolling On the Floor Laughing)

⑦ 곧 내 생일이야. •

• ⓖ You rock!

⑧ 와, 대박이다! •

• ⓗ You have good taste in music.

⑨ 넌 음악적인 취향이 정말 좋아! •

• ⓘ My birthday is just arand the corner.

⑩ 진짜 웃기다, 웃겨. •

• ⓙ That's terrific!

D

① 뭐가 뭔지 잘 모르겠어. ·

· ⓐ Let's hit the road!

② 나한테 어떻게 이럴 수 있죠! ·

· ⓑ Third wheel.

③ 이거 엄마가 물려주신거야. ·

· ⓒ My stomach is killing me.

④ 우리 같이 간식 좀 먹지요. ·

· ⓓ Wow, your English is good!

⑤ 당신 영어를 정말 잘 하시는군요! ·

· ⓔ It went over my head.

⑥ 너 밖에 없어! ·

· ⓕ It's in good hands.

⑦ 초대받지 않은 손님 혹은 깍두기. ·

· ⓖ You're the best!

⑧ 너무 속 쓰리다. ·

· ⓗ How can you do this to me?

⑨ 일을 잘 처리하고 있습니다. ·

· ⓘ It's a handed-down from my mother.

⑩ 출발합시다! ·

· ⓙ Let's eat some munchies together.

다음은 우리말을 영어로 옮긴 것이다. 가장 자연스러운 것을 연결하시오.

E

① 그렇게 되지 않았어. 불행이야. •

② '우리'를 중시한다고. •

③ 올해 유행이야. •

④ 진짜 비싸요. •

⑤ 그는 눈치가 빨라. •

⑥ 요즘 남자들은 왜 그래요? •

⑦ 아, 이제 생각났다. •

⑧ 엎친 데 덮친 격이야. •

⑨ 그녀는 진짜 옷을 잘 입어. •

⑩ 저는 술 마시지 않았어요, 말짱합니다. •

• ⓐ I'm a team player.

• ⓑ What is it with men these days?

• ⓒ It's in this year.

• ⓓ No dice.

• ⓔ I'm sober.

• ⓕ An arm and a leg.

• ⓖ It occurred to me.

• ⓗ She is a sharp dresser.

• ⓘ He reads people well.

• ⓙ Rub salt in wounds.

다음은 우리말을 영어로 옮긴 것이다. 가장 자연스러운 것을 연결하시오.

F

① 늦은 시간. •

• ⓐ We've got good chemistry.

② 모든 것을 걸었어요. •

• ⓑ You can say that again.

③ 왜 그렇게 힘들어 하는데? •

• ⓒ You would be surprised.

④ 정오 정도에 방문할께요. •

• ⓓ You're such a nerd!

⑤ 완전 동감! 네 말이 맞아 •

• ⓔ I have all my eggs in one basket.

⑥ 이유를 모르겠어! •

• ⓕ I just don't get why!

⑦ 우린 제법 잘 어울려요. •

• ⓖ I'll try to stop by around noonish.

⑧ 너 진짜 범생이구나! •

• ⓗ wee hours

⑨ 당신 놀라실걸요. •

• ⓘ Why torture yourself?

⑩ 난 여기 단골이야. •

• ⓙ I'm a regular here.

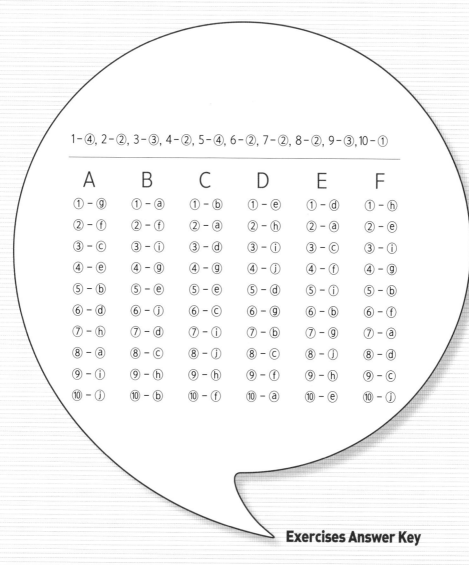

1-④, 2-②, 3-③, 4-②, 5-④, 6-②, 7-②, 8-②, 9-③, 10-①

A	B	C	D	E	F
①-ⓖ	①-ⓐ	①-ⓑ	①-ⓔ	①-ⓓ	①-ⓗ
②-ⓕ	②-ⓕ	②-ⓐ	②-ⓗ	②-ⓐ	②-ⓔ
③-ⓒ	③-ⓘ	③-ⓓ	③-ⓘ	③-ⓒ	③-ⓘ
④-ⓔ	④-ⓖ	④-ⓖ	④-ⓙ	④-ⓕ	④-ⓖ
⑤-ⓑ	⑤-ⓔ	⑤-ⓔ	⑤-ⓓ	⑤-ⓘ	⑤-ⓑ
⑥-ⓓ	⑥-ⓙ	⑥-ⓒ	⑥-ⓖ	⑥-ⓑ	⑥-ⓕ
⑦-ⓗ	⑦-ⓓ	⑦-ⓘ	⑦-ⓑ	⑦-ⓖ	⑦-ⓐ
⑧-ⓐ	⑧-ⓒ	⑧-ⓙ	⑧-ⓒ	⑧-ⓙ	⑧-ⓓ
⑨-ⓘ	⑨-ⓗ	⑨-ⓗ	⑨-ⓕ	⑨-ⓗ	⑨-ⓒ
⑩-ⓙ	⑩-ⓑ	⑩-ⓕ	⑩-ⓐ	⑩-ⓔ	⑩-ⓙ

Exercises Answer Key

이 책의 수익금은 다문화가정 아이들의 언어 교육 후원금으로 사용됩니다.

REAL & LIVE

개정판 1쇄 발행일 2019년 2월 28일

지은이   박윤주
펴낸곳   도서출판 유심
펴낸이   구정남·이헌건
마케팅   최진태
일러스트   박완기

주소   서울 은평구 통일로 684 서울혁신파크 미래청 1동 303B(녹번동)
전화   02.832.9395
팩스   02.6007.1725
URL   www.bookusim.co.kr
등록   제2017-000077호(2014.7.8)

ISBN   979-11-87132-35-6 13700
값   12,000원